古老商學院

【古老商學院】

搞懂你所處的現實

「我不是教你詐,是教你如何不被炸」
從古人的智慧結晶,淬鍊職場即戰力!

許汝紘暨編輯企劃小組——著

ANCIENT BUSINESS SCHOOL

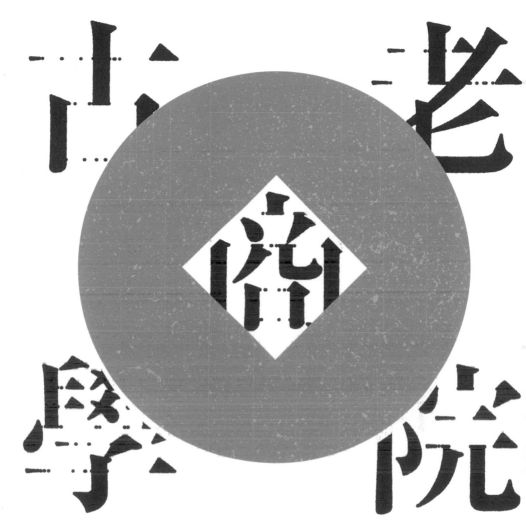

#【出版序】

因為古老，所以美好
——在經典文學中借鑒先賢的品德智慧

中國文學博大精深、浩瀚無邊，無論說理、敘情都蘊含深意。我經常覺得，能看得懂文言文的現代人真的好有福氣，除了能在字裡行間覺察作者的深意、想像文學的美好、探索其中的映象之外，也能毫無障礙地和偉大的文學家們交心、溝通，知古鑑今、學習知識、發現真理。

《越古老越美好》系列叢書，是從《四庫全書》與《筆記小說大觀》中取材、編寫、評述而成的。分別歸類整理成七大主題，編輯成書。每一個主題都在對應當代社會在極速躍進與科技不斷翻新之下，人們心靈的空虛與品德遺失等課題。每一則精選出來的故事均寓意深遠，且極富趣味。對照今日社會百態，即便是過去大家都能嚴守分際的人情世故、待人接物、應對教養、品德教育等簡單的生活倫理，都在人人撻伐道德淪喪聲中，被忽視殆盡。而這些美好的品德教養卻在經典中，處處可見，隨手可得。

我認為，文學的魅力不應該受限於時代、語言、國界的束縛，而文體的表達方式，也不應該只能有一種詮釋方法。中國許多優美的經典文學作品，更不應該受限於文言文的隔閡，而讓今天的讀者望而生畏。浩瀚精彩、博大精深的中國文學作品，如果能找到更多元的入門通道，那麼成千上萬冊精彩的創作，將會是人人都喜歡的最佳讀物。

從經典中攫取生活智慧是《越古老越美好》系列叢書的編輯方針，希望讀者能在輕鬆閱讀中，看懂古人的文章內涵與深刻的寓意，領略其思想脈絡，借鑒其中的智慧，落實在現在的生活當中，借鑑學習、延伸應用。

高談文化出版集團　總編輯　許汝紘

【目錄】

出版序 4

第一課 有些規則永遠不變 11

公儀休嗜魚／天底下沒有白吃的魚 12

同類相忌／同行相忌 16

色衰愛弛／愛憎之變 21

李抱真／玩火者必自焚 25

賈人渡河／狼來了 29

帝不悅／伴君如伴虎 33

雲南令／「錦上添花」與「雪中送炭」 37

捕役樊長／善有善報，惡有惡報 43

訟師果報記／惡因生惡果 46

丐報恩／受恩不忘報 51
罵鴨／天罰 55
譎判／咎由自取 60

第二課
貴人都是有原則的 65

益見其忠／宰相肚裡能撐船 66
朋黨／見賢思齊 70
韓信／忍辱成事 74
醫貧／給你魚吃，不如教你如何釣魚 78
玄宗用韓休為社稷／民為貴，君為輕 83
林琴南餽米於師／社會、學校與家庭 88
一笑軒／情與法 91
三利三益／固守正直之心 96
富不易妻／糟糠之妻不下堂 101
李遠菴居官清苦／常俸外不取一毫 104

第三課

防不勝防的劣根性　109

小人為姦／固難防也……110
鄭人為學／朝三暮四……114
衛人嫁女／都是這樣的人……117
王鍔散財貨／守財奴……120
齊人攫金／為財迷心竅……124
荏平令／負德忘恩……126
錯上錯／人在人情在……131
豈可以示天下／華而不實……134
寧人負我／無我負人……137
瘵疾／人太自私，天誅地滅……140
富者揖丐／江湖險，莫如人心險……144
直躬者／矯情悖理……148
講學者／道貌岸然……152

第四課

多一點思考會更好

多一點思考會更好 157
知人不易／人心難測 158
敝衣猶愛惜若此／察人於微 162
楚人有兩妻／此一時，彼一時也 166
人鬼莫測／請君入甕 170
戴震質疑／師不能答 174
案外案／天網恢恢，疏而不漏 178
焚身／宗教不可盲目 181
王祚問壽／篤信怪力亂神？ 184
人言不足據／人言不可盡信 189

第五課

很多事可以這樣應對

193

唐六如／活命哲學 194
陳仲微／不欠人情一身輕 197
唾面自乾／「忍．恕」之道 201
祁奚舉賢／客觀論事 204
留心公事／戮力從公 208
趙人患鼠／任用與考核之道 212
吳起為魏將／領導者應如何待人 215
誤認／正直世界 218
湯文端／欲報舊恩 222
江公道／公道自在人心 228
青縣農家少婦／矢志不二 232
妙畫代良醫／心病自須心藥醫 236
偷畫／最安全的地方？ 242
心中有妓／修養上的差異 246

第一課

有些規則永遠不變

公儀休嗜魚／天底下沒有白吃的魚

公儀休相魯而嗜魚，一國盡爭買魚而獻之，公儀子不受。其弟諫曰：「夫子嗜魚而不受者，何也？」對曰：「夫唯嗜魚，故不受也。夫即受魚，必也下人之色：有下人之色，將枉於法：枉於法，則免於相：雖嗜魚，此不必致我魚，我又不能自己魚。即無受魚而不免於相，雖嗜魚，我能長自給魚。」此明夫恃人不如自恃也，明於人之為己者不如己之自為也。

——周、韓非《韓非子》

好好解釋

公儀休 周時魯國人，為魯穆公之相；奉法循理，百官自正，使食祿者不得與下民爭利。

即 此自有多解，本文中的兩個即字，均解做「若」字。

下人之色 下人，自卑於人；下人之色，謂被迫而有遷就他人的神色。

教你看懂

公儀休很喜歡吃魚，在他作魯國的宰相時，國內許多人都爭著要買魚送給他吃，但他卻都不接受。他的弟弟就來邊勸邊問說：「你既然那麼喜歡吃魚，而別人送來的魚又都不收受，這是為什麼呢？」公儀休回答：「正因為我喜歡吃魚，所以才不能收受。倘若收了魚，一定會受到人情牽制而有遷就對方的神色；有了這種情形，將使得我的作為違背法令；違背了法令，終有一天會被罷除相職；到那時候雖然我還是愛吃魚，但人家就未必還會送魚給我，而我也不能像現在這樣習慣於自己弄魚來吃。如果我不接受別人送的魚，就不會因為違法而被免職，屆時我固然還是愛吃魚，卻仍然像現在這樣，長期以來都是自己弄魚來吃。」公儀休的這種觀點，就是深深地了解到，依靠別人不如依靠自己，想要人家來為你解決問題，還不如自己來得好。

你要明白

愛吃魚，這件事太平常，因為很多人有此嗜好；別人送你幾條魚，收下也無妨，小問題無傷大雅。但在身為宰相的公儀休心目中，因自己愛吃魚而收受別人的餽送，卻不認為這是一件小問題而是大事一樁。所以他完全不予接受，從他對其弟弟的解釋邏輯中，可說句句在理，絲絲入扣，難怪他執著地堅守自己的立場，也難怪韓非子對此，作出了「恃人不如自恃，人之為己者不如己之自為也」的結論。

俗語有所謂的：「拿人手短，吃人嘴軟。」這非但是人之恆情，也是世事常態，因為人情重互惠，世事尚往來。作為一介平民，其一己之交際應酬中，縱或涉及到金錢財物，但只要是凡事不違法，別人是無法置喙的；但若換成是個位高權重的官員，則事情往往會變得複雜起來。我們常說的「不當利益輸送」與「政商勾結」，就是文章中事情處理不當之下的惡性發展結果。

本故事的緣起，說來其實很簡單，因為類似的事情，也經常發生在我們週遭，只是處身其中者，少卻一份自省心與警惕感，因而在不知不覺中愈陷愈深，以致最後演變成無法收拾的場面。

同類相忌／同行相忌

內閣學士永公，諱甯，嬰疾，頗委頓；延醫診視，未遽愈。改延一醫，索前醫所用藥帖弗得，公以為小卑誤置他處，責使搜索，云：「不得，且笞汝。」方倚枕憩息，恍惚有人跪燈下曰：「公勿責婢，此藥帖小人所藏。小人即公為臬司時，平反得生之囚也。」問：「藏藥帖何意？」曰：「醫家同類皆相忌，務改前醫之方以見所長。公所服藥不誤，特初試一劑，力尚未至耳。使後醫見方，必相反以立異，則公殆矣！所以小人陰竊之。」公方昏悶，亦未思及其為鬼；稍頃始悟，悚然汗下。乃稱前方已失，不復記憶，請後醫別疏方。視所用藥，則仍前醫方也。因連進數劑，病霍然如失。公鎮烏魯木齊日，親為業言之，曰：「此鬼可謂諳識世情矣。」

——清、紀昀《灤陽消夏錄》

好好解釋

內閣學士 內閣，官署名，學士，官職名；亦稱內閣大學士，參與軍政議密。

嬰疾 嬰，通攖；嬰疾是指罹患疾病。

委頓 疲困的意思。

憩息 休息。

臬司 官職名，即按察使，考核吏治，又名臬台。

疏方 指開具藥方。

教你看懂

內閣學士永甯，有一次罹患了疾病，覺得頗為疲勞困乏，便請來一位醫生診視，卻沒有很快就好起來。於是，他改找了另一位醫生來試試，這後來的醫生希望看看前位醫生的用藥處方，結果卻沒有找到，永甯原以為一定是小婢女將處方弄丟了，就責成她去尋找，並警告她說：「如果找不到的話，妳就等著挨打好了。」說完後在倚枕休息時，恍惚間聽見有人跪在燈下說：「您不必責罰那個小婢女，處方是我藏起來的。我就是您任職臬台時，曾經為我平反才得以活下來的那個囚犯。」永甯問說：「你藏起處方有何用意？」那人回答說：「大凡身為醫生者，他們都是同行相忌的，往往會去更改前面醫生的用藥處方，以顯示自己的能耐。其實，您服用前面醫生的藥並沒有錯，只是劑量尚不足，效果還沒有顯現而已，倘若後面這個醫生看過前面的處方，他必然會下相反的藥來表示與他人不同，這麼一來，您就大有危險了，所以我就將原先的處方藏了起來。」永甯當時還在昏昏沉沉之中，也沒想起來那人早已死了；等到他稍後領悟過來時，竟然嚇出了一身冷汗。永甯最後決定，慌稱前面的處方已經遺失了，吃了那些藥也記不起來，並要求後面這位醫生另開處方。等到新的處方開出來之後，看到其中的用藥，根本就與前者相同。於是，在連續服用幾劑藥量之後，疾病便很快地消失了。這件事是永甯在鎮守烏魯木齊期間，親口告我的，並且對我說：「那個鬼，可說是深通世故人情的啊。」

你要明白

這個世界上到底有沒有鬼？誰也無法打包票。相信有鬼的固然大有人在，但卻無法提供具體的證明，堅信沒有鬼的同樣大有人在，卻也無法找到鬼不存在的反證，這種情形有些類似於人們的宗教信仰，套句時髦的話來說，就是「信者恆信，不信者恆不信」，好在個人的信不信有鬼，不會涉及到法律問題，這也正如人都應有宗教信仰的自由，因此，鬼神之說便不脛而走，在古籍當中，比比皆是。

作為清朝兩大文言筆記小說《聊齋誌異》與《閱微草堂筆記》，同樣都對鬼怪之說極具書寫之能事，雖然這兩本書的筆觸風格有異，前者尚文而後者尚質，但其故事中所描述的對象，卻往往都是以神、鬼、狐為主角。當然，諸多怪力亂神的情節，那都只是表面文章，實際上各有其目的，有的在抒發「孤憤」，有的則是為了「勸懲」，各有各的深意。

本故事是借一個感恩圖報的鬼的口中，道出了人與人之間的同類相忌，儘管在這裡只是以醫生為例，但生活經驗告訴我們，這種情形普遍地存在於各種行業當中。舉兩項大家都熟悉的詞語「文人相輕」與「新官上任三把火」來說，便不難明白在許多人心目中，總認為別人一定要比自己差，或是前任的措舉必然要被除舊佈新；更過份的是把別人的功績移植到自己的身上來，竊取別人的功勞，還夸夸其詞。這種敗壞社會風氣的作秀歪風，值得社會大眾睜亮眼睛，加以警惕。

色衰愛弛／愛憎之變

昔者彌子瑕有寵於衛君。衛國之法，竊駕君車者罪刖。彌子瑕母病，人間往夜告彌子，彌子矯駕君車以出。君聞而賢之，曰：「孝哉！為母之故，忘其刖罪。」異日，與君遊於果園，食桃而甘，不盡，以其半啗君。君曰：「愛我哉！忘其口味以啗寡人。」及彌子瑕色衰愛弛，得罪於君，君曰：「是固嘗矯駕吾車，又嘗啗我以餘桃。」故彌子之行未變於初也，而以前之所以見賢而後獲罪者，愛憎之變也。

——周、韓非《韓非子》

好好解釋

彌子瑕 人名，春秋時代衛靈公的寵幸之臣。

衛君 即衛靈公，名元，在位四十二年，衛獻公之孫。

罪刖 古刑罰名，處以斷足之罪。

教你看懂

春秋時衛國的大夫彌子瑕，先前很受國君衛靈公的寵愛。按照衛國的法律，凡是私自使用國君車子的人，要受到斷足的處罰。某次彌子瑕的母親生病，有人趕忙連夜去告訴彌子瑕，彌子瑕於是擅自駕著國君的車回家了。衛君聽到這事，非但沒有責怪，還稱讚他說：「真是孝子啊！為了母親的病，竟忘了他所犯的是斷足之罪。」過後又有一次，兩人同在果園裡散步時，彌子瑕口中正吃著桃子，覺得味道很甜，便把尚未吃完的部分留給衛君吃。衛君說：「真是愛我啊！愛到將他所喜好的美味留給我吃。」等到後來彌子瑕逐漸老醜時，衛靈公對他的寵愛也越來越減退，有一次彌子瑕因事得罪了衛君，衛君說：「你這個人，就是以前擅自駕用我的車，又把吃剩的桃子留給我的那傢伙。」其實說起來，彌子瑕的行為和以前並無二致，但同樣的事在過去受到稱讚，而後來卻成了罪過，這只是人的愛憎之心改變了的緣故。

你要明白

這是則頗為出名的故事，故事中的彌子瑕曾一度受寵於衛靈公，就如同《漢書．佞幸傳》中董賢受寵於漢哀帝，兩者皆涉及到君臣間的同性戀，並分別在中國文化史中，添加了「分桃」與「斷袖」這兩個典故。說到「同性戀」問題，此時此地，就不能不略加著墨。按我國封建時期，同性戀主要是指男人之間的事，且是一件為人不齒的壞事，清朝有本書名為《斷袖篇》，作者署名竟是「吳下阿蒙編」，可見提到這種事的人，自己都感到顏面無光，只好冠上化名出版。

但隨著社會與醫學的進步，尤其是基本人權的提昇，我們不僅認識到既有

「男同志」亦有「女同志」的社會現實，而且他（她）們也爭取到愈來愈多的民眾認同。「同志大遊行」，「人權基本法草案」，其中明訂有「保障同志權」的條款，並允許同性男女可組織家庭，依法可收養子女，這無疑是一種人權思維的進步，並與國際思潮接軌。

當然，本故事的中心議題，並非在描述同性戀間的細節，重點是在強調「色衰愛弛」的人情，與「愛憎之變」的世態。事實上，「分桃」這則典故，既可用來泛指男子寵愛男子的行為，也可用來比喻愛憎態度的幡然改變。

經驗告訴我們，色衰愛弛有其普遍性，故凡以色事人而能圓滿收場的，大概也不多見。進而推知人貴自立，尤當自強。若一味因人成事，那《孟子，告子》篇中的「趙孟之所貴，趙孟能賤之」，適足為當頭棒喝；反之，如果一切都是靠自己的努力與奮鬥所得來的，則不妨將前面那句話改為「既非趙孟之所貴，自非趙孟能賤之。」

李抱真／玩火者必自焚

李抱真之鎮潞州也，軍資匱缺，計無所為。有老僧，大為郡人信服。抱真因詣之，謂曰：「假和尚之道，以濟軍中，可乎？」僧曰：「無不可。」抱真曰：「但言請於鞠場焚身，某當於使宅鑿一地道通連，俟火作，即潛以相出。」僧喜從之，遂陳狀聲言。抱真命於座執爐，對眾說法。抱真亦引僧入地道，使之不疑。僧乃升座執爐，對眾說法。抱真率監率監軍僚屬及將吏，膜拜其下，以俸入檀施，堆於其傍。由是士女駢填，捨財億計。滿七日，遂送柴積，灌油發焰，擊鐘念佛。抱真密已遣人填塞地道，俄頃之際，僧薪並灰。數日，藉所得貨財，輦入軍資庫，別求所謂舍利者數十粒，造塔貯焉。

——唐、李綽《尚書故實》

好好解釋

潞州 唐代州名，明清時為潞安府，位今山西省長治縣。

詣之 造訪。

假 借也。

鞠場 鞠，在此作鞠；球也；鞠場即毬場。《唐書．李愬傳》中有「乃屯兵鞠場」。

某 自稱詞。

使宅 節度使（官名）的住宅。

陳狀聲言 布告週知。

七日道 七天道場法事。

梵唄雜作 誦經聲與佛樂和雜。

俸 在此喻布施銀錢。

檀施 貯放布施之財物的器具。

士女駢填 善男信女競相輸捐填入檀施。

發焰 點火。

俄頃 片刻。

藉 通籍，指造冊換記。

輦 以車載進。

舍利 俗稱舍利子者，指修行人火葬燒身後，所遺留下來的顆狀殘存物。

教你看懂

李抱真在鎮守潞州的時候，曾一度因軍中費用短缺，讓他無以為計。這時郡中有位老和尚，頗受郡人的尊重與信服，為了解決軍費問題，李抱真就去造訪這名老和尚。見面時李抱真便提議說：「我想借重大師的佛法以周濟軍中之需，可否能幫個忙？」老和尚答道：「這沒有什麼不可以的。」李抱真接著說出了他的計策：「只要我們對外宣稱，請你擇時在鞠場焚身，我會從往宅挖掘一條通往鞠的地道，等到點火焚燒時，你便可暗中從這條地道溜出來。」老和尚聽了覺得不錯，便樂意地答應了，並決定馬上將此事布告週知，張揚開來。

李抱真隨即命令士兵在鞠場堆積木柴，貯放油料，先作七日道場法事，晝夜不息地焚香點燈，頌經聲與佛樂混雜在一起響個不停。同時又帶領老和尚在所挖的地道中親自走一趟，使他不致起疑心。在法事期間，老和尚登台升座，對眾說法，李抱真則領著所有部屬在台下膜拜，並率先將自己的俸祿銀錢捐入檀施中，堆放在老和尚的身旁。這樣一來，眾多善男信女便競相樂捐，施捨的財物數以億計。等到法事做滿了七日，該輪到老和尚焚身的時刻了，於是便堆積起木柴，灌上油點燃火，一片擊鐘念佛的聲音，與烈焰一起沸沸騰騰。由於李抱真這時已祕密地派人將地道封閉了，所以老和尚根本無法逃生，在片刻之間便與木柴一起化為了灰燼。一連數日，李抱真令部下登錄所得之財物，然後以車載運進軍資庫房中，並叫人在別處找來幾十顆所謂的舍利，建塔將其貯存起來。

你要明白

從整個故事的情節中，我們看到了一場惡毒的大騙局，而且是騙中騙的連環騙。為了籌措軍費，身為主帥的李抱真先是與僧人合謀，藉焚身祈福的把戲來騙取善男信女的銀錢施捨；這個李抱真竟再狠起心來將老和尚出賣犧牲，只為了不可告人的計謀，殘忍的殺人滅口。雖說李抱真陰險殘忍，確實令人髮指，但作為一個「大為郡人信服」的老僧，卻因狼狽為奸而同樣也得不到世人的同情。有句諺語說：「玩火者，必自焚」，就是這個道理。

賈人渡河／狼來了

濟陰之賈人，渡河而亡其舟，棲於浮苴之上，號焉。有漁者以舟往救之。宋至，賈人急號曰：「我濟上之巨室也，能救我，予爾百金。」漁者載而升諸陸，則予十金。漁者曰：「向許百金，而今予十金，無乃不可乎？」賈人勃然作色曰：「若，漁者也，一日之獲幾何？而驟得十金，猶為不足乎？」漁者黯然而退。他日，賈浮呂梁而下，舟薄於石，又覆，而漁者在焉。人曰：「盍救諸？」漁者曰：「是許金而不酬者也。」袖而觀之，遂沒。

——明、劉基《郁離子》

好好解釋

濟陰 古代郡名。漢朝時，治地在今山東省定陶縣西北；至隋朝後，則改為今山東省曹縣西北。

亡其舟 此處謂船隻因出事而沉沒。

浮苴 水中之浮草。

向 表過往、先前之意。

無乃 一種委婉的反詰語氣詞，含有「似乎、恐怕、未免」之類的意思。

若你。

呂梁 河水名，又稱呂梁洪，在今江蘇省銅山縣東南。

薄於石 薄指靠近、逼近之意；對於石在此謂（船）撞上了礁石。

盍 文言中的所謂雙音詞，其發音與字義均為「何不」。

教你看懂

濟陰郡有個商人，某次渡河時，船因出事而沉沒，他只好爬伏在水中的浮草上呼救。有位漁夫看到這情況，便駕著漁舟去救他。在漁舟尚未抵達救人處之前，商人著急大喊說：「我是濟上的大戶，你要是救了我，便送你一百兩銀子。」漁夫隨後用船將他載上了岸，但他卻只肯給十兩銀子。漁夫於是就問他：「你原先不是許諾過要給我一百兩，而今卻只給十兩，這恐怕行不通吧？」商人馬上發怒說：「你不過是個撈魚的，一天的漁獲能值多少錢？如今驟然間就得了十兩銀子，難道還不滿足嗎？」聽完這話，船夫只好黯然地離去了。事過後的某一日，這個商人乘船沿呂梁洪東下，船撞到水中的礁石，又再次翻船；巧的是，上次救他的那個漁夫，恰好又在附近。有人便對漁夫說：「你何不去救一救他？」漁夫答道：「這是一個先前許諾人家金錢，而後卻說話不算數的人。」說完袖手旁觀，商人終於為河水所吞沒。

你要明白

在學童時代，大概每個人都聽說過「狼來了」的那則故事，其宗旨是在警惕小朋友千萬不可以撒謊，進而使學童們從小就培養出誠實的品德。隨著自身年齡的增長與所處環境的複雜化，耳濡目染之餘，每個人對兒時記憶中的那個故事，其體認與感受，也許就各異其趣了，有些人甚至對它嗤之以鼻，反倒認為故事本身就是騙人的；否則，在社會上為何還是存在一些作奸犯科或專門靠撒謊行騙的人呢？這與其說是人性的悲哀毋寧說是教育的失敗。因為無論是故事或寓言，其本身的確實性無關宏旨，重要的是它所揭示出的內涵或哲理，是否與世人行為的基本規範相契合。若不能從故事中得到教訓，或從閱讀中擇善而力行，則讀書與求學的目的，所為何來？

「賈人渡河」這則故事中所嚴加批判的，就是「慳吝」與「無信」這兩件事。為吝嗇而導致失去性命，這就應了「人為財死」那句俗語。而「人言為信」，原本就是古人造字的本義所在，但渡河之賈人，就因為一次失信於人，終究付出了無可彌補的代價。《左傳．僖公五年》中載謂：「晉不可啓，寇不可玩，一之謂甚，其可再乎！」這是用來戒慎世人，千萬別再次犯錯，像這個故事中的那個商人，「一之謂甚」彷彿就註定了他的下場，因為「其可再乎」這四字已對他不適用了。

帝不悅／伴君如伴虎

王僧虔，右軍之孫也。齊高帝嘗問曰：「卿書與我書孰優？」對曰：「臣書人臣第一，陛下書帝王第一。」帝不悅。後嘗以橛筆書，恐為帝所忌故也。

——唐、李綽《尚書故實》

好好解釋

右軍 即王羲之，晉朝人，以書法之名古今，世稱王右軍；其孫輩王僧虔，入南齊後為官，卒諡簡穆。

齊高帝 即南齊高祖蕭道存，通經史，善屬文。

楲筆 禾稼之殘餘謂之楲；楲筆在此謂老舊破敗的筆。

教你看懂

南齊時王僧虔，是晉朝名書法家王羲之的孫子。有一次齊高帝蕭道存問他說：「你與我的書法誰比較好呢？」王僧虔回答說：「朝臣中我的書法最好，歷代帝王中則以陛下的書法為第一。」聽了這段話，蕭道存很不高興；從此以後，王僧虔便常用老舊殘敗的筆來寫字，深恐字寫得太漂亮而被皇帝所忌恨。

你要明白

短短的一則故事中，人物只有二位，對話只有三句，一整篇字數還不到六十個字，但文章中所顯示與隱含的重要意義，實在值得我們深思。

首先要說的是，自古以來伴君如伴虎，稍有不慎，便會引禍上身，試看故事中王僧虔的回答，已經算是十分委婉得體的了，尚且還會因為皇帝不悅的臉色而深懷恐懼，最後選擇韜晦到「自我作賤」的地步，若是據實直言，後果哪堪設想！

再則由此可以推知，古代史官的為難之處。撰史紀實，理當要平鋪直敘，據實記載，但往往因為涉及到皇家的醜陋處，便只好用辭粉飾，甚至弄虛造假，這對一個正直史官的心靈來說，無疑是一種摧殘，所以會有「曲筆天誅，直筆人誅」的說法，指的就是修史者所面臨的兩難局面——若是秉筆直書，則必將遭到君主的懲處；要是曲言飾非，又會忍受良心的譴責。王僧虔所回答的第二句話，分明是一句假話，但面對帝王的淫威，也就只有欺心了。

被歷代書法家奉為書聖的王羲之，不但在書法藝壇上獨步千秋，而且家世顯赫，門第高華。唐朝劉禹錫的「金陵懷古」詩中有云：「舊時王謝堂前燕，飛入尋常百姓家。」所謂的「王謝世家」，便是指這兩族世代家族，從晉朝直到南朝才衰敗，而且王氏的顯赫還在謝氏之上。

至於王羲之的幾個兒子，書法都寫得很好，其中幼子王獻之的成就最高，賢喬梓合稱為「二王」，父為「大聖」，子為「小聖」，而王僧虔有這樣的父祖輩，其書法造詣之高，不言可知。然而高帝明知如此，還要與他一爭短長，除了是帝王的權勢慾望在作祟之外，無非是好名心切使然。由此可知名韁利鎖，困人之深，難怪明代的張岱，在其「陶菴孟憶自序」文末曾經說：「因嘆慧業文人，名心難化，政如邯鄲夢斷，漏進鐘鳴；盧生儀表，猶拓二王，以流傳後世；則其名根一點，堅固如佛家舍粒，劫火猛烈，猶燒之不失也。」這正巧可用來形容蕭道存。

雲南令／「錦上添花」與「雪中送炭」

門人有作令雲南者，家本寒苦，僅攜一子一僮，拮据往，需次會城。久之，得補一縣，在滇中，尚為膏腴地。然距省窵遠，其家又在荒村，書不易寄。偶得魚雁，亦不免浮沉，故與妻子幾斷音問。惟於坊本縉紳中，檢得官某縣而已。偶一狡僕舞弊，杖而遣之。此僕銜次骨，其家事故所備知，因偽造其僮書云，主人父子先後卒，二棺金浮厝佛寺，當借資來迎，並述遺命，處分家事甚悉。

初，令赴滇時，親友以其樸訥，意未必得缺；即得缺，亦必惡。後聞官是縣，始稍稍親近，併有周恤其家者，有時相餽問者。其子或有所稱貸，人人輒應，且有以子女結婚者。鄉人有宴會，其子無不與也。及得是書，皆大沮，有來唁者，有不來唁者。漸有所逋者，漸有道途相遇似不相識者。僮奴婢媼皆散，不半載，門可羅雀矣。

既而令託入覲官，寄千二百斤至家迎妻子，始知前書之偽；舉家破涕為笑，如在夢中。親友稍稍復集；避不敢見者，頗亦有為。後令與所親書曰：「一貴一賤之態，身歷者多矣；一貧一富之態，身歷者亦多矣；若夫生而忽死，死逾半載而復生，中間情事，能以一身親歷者，僕殆第一人矣。」

——清、紀昀《灤陽續錄》

好好解釋

作令 任縣令之職。

需次 依次補官，必有所待，是謂「需次」，與「待次」同義。

會城 猶言省會、省城。

寫遠 遙遠。

浮沈 謂載浮載沈，在此指書信有時收不到。

坊本縉紳 古時候坊間每有刊行「縉紳錄」，記載了官吏的一些資料。

銜次骨 次骨謂深刻至骨，故銜次骨猶恨之入骨。

浮厝 將棺材暫時置放。

官是縣 任該縣之縣令。

稍稍 猶漸漸、慢慢也。與今義「稍微」者不同。

稱貸 開口借錢。

索逋 逋，欠也；索逋為討債。

入覲 地方官入京朝見皇帝。

所親 所親近者，這裡指「知交」。

教你看懂

我的門生中有一位在雲南當縣令的，家裡很貧窮，只帶了一個兒子與一名家僮趕赴雲南省會，等待職缺。過了很久以後，終於遞補到某縣，該縣在雲南中部，地方還算富庶。然而縣城距離省會十分遙遠，他得老家又位於荒野村落，寄信非常不容易。即使偶而有書信往返，也難免在途中遺失，所以與老家妻兒幾乎斷了音訊。他的家人只不過是在坊間印行的「縉紳錄」中，查知到他在某縣任職而已。後來因為他的一個狡猾的僕人舞弊，案發之後受杖刑並被革職，所以這個僕人對他恨之入骨；由於該僕人對他的家庭底細很熟悉，於是便偽造了一封由他家僮所寫的家書，信中謊稱主人兩父子先後死去，兩人的棺材現在暫時停放在佛寺中，要家人設法借錢來雲南迎靈，同時又交待縣令在臨死前的遺命，對家庭中各種後事的處理述說得非常仔細。在當初縣令赴雲南時，她的親友們都曉得他個性質樸，不善奉承，猜想他未必能補到缺，即使讓他補到，也定然是個壞差事。等到後來聽到是擔任這個富庶省份的縣令時，大家才漸漸與他家人親近，慢慢並有人來周濟他的家人，並有人時時來送禮問候。每當他兒子有所需而開口向人借錢時，個個親友都爽快地答應，同時更有些人，與他家中的子女論及婚嫁。等到他家人收到那封偽造的家書時，個個親友都大為沮喪，有人會來致弔唁的，但也有人不來。漸漸便有來討債的，再過些時候更有在路上碰見卻假裝不認識的。家中的佣人奴僕很快就都離開了，不到半年，他家的大門口，幾乎看不到人影。

隨後不久，該縣令趁其同僚進京朝見皇上之便，託人帶了一千二百兩銀子來迎接妻小，這才拆穿了上次家書中的謊言，於是全家人都破涕為笑，有如在作夢一般。知道了這個新消息後，親友們又開始來串門子，但也有人覺得不好意思而避不敢見的。到後來，該縣令在一封給他知交的信中這樣說：「人與人之間的交往一貴一賤的情形，我所見所聞的也實在很多；但要說到有人曾生而忽死，死了半年又復生，且其間親身經歷過那些刻骨銘心的炎涼世態，我大概應該算是第一個了。」

你要明白

在清朝著名學者紀云所撰的《閱微草唐書記》（這其中包括有《灤陽消夏錄》、《如是所聞》等五部計二十四卷）一書內，雖然表面上都是在談狐說鬼，但其實探討的，絕大多數是人情義理。至於本文所介紹的，則更是直截了當地揭露了現實社會中的冷暖炎涼。

以這則故事來說，該縣令「家本寒苦」，在他寄錢到家之前，其家境先是以「僮奴婢媼皆散」而至「門可羅雀」，試問在此期間，他家如何請得起僮奴婢媼？應該是世人趨炎附勢所造就的吧，這就是「錦上添花者，多。」等到偽書抵家之後，不旋踵「漸有所逋者，……門可羅雀矣。」這又恰好就是「雪中送炭者？無！」可見先前諸親友的情是「假有情」，其後「有不來唁者」所表示的，顯然是「真無義」。久閱世情百味的人，讀完本文之後，其感慨必定特別深刻。民國初年大陸著名國劇演員孫菊仙，據說便曾在其屋角貼有「看破世事驚破膽，識透人情冷透心」這麼一副對聯，咀嚼其間意味，則無疑是為本故事作了一項最佳的詮釋。

捕役樊長／善有善報，惡有惡報

獻縣捕役樊長，與其侶捕一劇盜，盜跳免。縶其婦於官店，其侶擁之調謔，婦畏箠楚，噤不敢動，惟俯首飲泣，已緩結矣。長突見之，怒曰：「誰無婦女？誰能保婦女不遭患難落人手？汝敢如是，吾此刻即鳴官。」其侶慴而止，時雍正四年七月十七日戌刻也。長女嫁為農家婦，是夜為盜所，已褫衣反縛，垂欲受污，亦為一盜呵而止，實在子刻，中間僅僅隔一亥刻耳。次日，長聞報，仰面視天，舌蹻不能下也。

——清、紀昀《旁徵博引》

好好解釋

跳免 逃脫。

官店 捕役拷問盜匪的場所。

箠楚 箠，鞭笞也；楚，痛苦也。

緩結 衣扣被解開。

慴 畏懼。

舌蹻 舌頭被嚇得僵住了。

教你看懂

河北獻縣有位捕役名叫樊長，有一次和他的某個同事奉命去捉拿一名大盜，結果這名大盜逃脫了。於是，兩人就將強盜的妻子帶回來偵訊；等樊長不在時，他的同事就去抱住這名婦人調戲她，由於害怕被拷打，該婦人嚇得不敢聲張，惟有低頭飲泣，而身上衣服的鈕扣也已被解開了。就在這關頭，樊長突然進來撞見，便怒聲對他同事說：「誰沒有老婆、女兒？那個又能保證自已的老婆與女兒，不會遭遇患難而落入他人之手？你如果敢再這樣，我馬上就去告發你。」他的同事聽了之後，由於感到畏懼，所以才罷了手，當時的時辰是雍正四年農曆七月十七日的戌時。

樊長的女兒嫁給一戶農家，那晚也遭盜匪所劫，他女兒已經被脫去衣服反手捆綁，正在要遭姦污之際，幸好也被另一名盜匪喝止，那時刻是在午夜子時，這距離樊長喝止其同事的關頭，中間只隔了一個戌時。到了第二天，樊長聽到了這件事之後，驚愕得抬頭望天，幾乎連舌頭都僵住了。

你要明白

基於一己之私，世人對任何事多存著僥倖之心，總以為好事將歸自己，而惡果必然不致降臨，因為他相信「自己是最幸運的那個人」。試看那些作奸犯科的人，一旦面臨緊要關頭、天人交戰之際，極少能懸崖勒馬，多的是那些「不見棺材不流淚」之輩。

然則蒼天有眼，鬼神有知，報應之速，如影隨形。在這則故事中，我們看到了捕投樊長的義行，以及他所得到的善報。當樊長聽到了他的女兒倖免的消息後，「仰面視天，舌蹻不能下也。」這簡短的十個字，卻可讓我們深思！

訟師果報記／惡因生惡果

吾鄉奸宄之徒，無論姻黨，稍有睚眥輒向公庭飾詞作膚受愬，不直不休者，俗呼為訟棍。代人詞以愬，視事之輕重而受值者，為訟師。其立意措詞，能顛倒是非，混淆曲直，雖神明之宰，虛堂懸鏡，莫能燭其奸。

新昌有張二子者，貨菽乳為業。一日晚歸，見妻與鄰人通，怒殺其妻，鄰人奪門逸去。諺有「殺奸必雙」之語，惶怖無策。里人陳某，訟師之黠者，因罄囊謀之。陳笑曰：「此易與耳，明日昧爽，有沽菽漿者，紿使人室，揮以白刃，孰能起死者而問真偽乎？」次早，有少年叩門求漿，殺之，則陳子也。

——清、俞青源《夢厂雜著》

好好解釋

奸宄 作奸犯科。

姻黨 泛指親族姻戚之流。

睚眥 本謂張目怒視，在此借喻微小的怨忿。

公庭 在此指縣衙。

膚受愬 愬，同訴；膚受，難以察覺；膚受愬在此謂「不實的告訴」。典出《論語．顏淵》篇中的「侵潤之譖，膚受之愬」。

宰 縣令。

新昌 縣名，位於今浙江省境內。

菽乳 豆腐。

罄囊 傾其所有的錢財。

昧爽 指雞鳴之後但天色將明而尚未明的那個時段。

紿 欺騙之意。

教你看懂

在我們鄉間，有些作奸犯科的歹徒，即使遇到親族姻戚，只要彼此稍有不愉快，就會編告謊言到縣衙作不實的訴訟，不達目的決不罷休，俗語稱他們為訟棍。又有些專門替人編寫訴狀，並按訟事情節之輕重而收取費用者，則稱作訟師，這些訟師在撰述訴訟狀時，其立意措詞，極盡顛倒黑白與混淆是非之能事，以致縱使是明鏡高懸的幹練縣令，也往往難以洞燭其中的細節。

在新昌縣有個叫張二子的人，平常靠做豆腐謀生，有天晚上回家，撞見妻子與鄰居通奸，一怒之下把老婆殺死了，但奸夫卻奪門逃走了。由於諺語有所謂的「殺奸必雙」的說法，現在奸夫逃逸，難以佐證，張二子竟然心生恐懼，但卻徬徨無策。同里有個姓陳的，是個狡黠的訟師，張二子於是傾其所有，趕忙來求他謀取對策。知道了事情的經過之後，姓陳的訟師笑著對張二子說：「這事很容易處理，你只要在明日天色尚未晚時，隨便將一個來買豆漿的人騙入室內，然後一刀殺了，屆時屍已成雙，誰有能力起死回生來問真假？」等到第二天一早，果然有個年輕人來敲門買豆漿，張二子依計將他殺死，最後赫然發現，死者恰巧是陳姓訟師的兒子。

你要明白

在我國數千年來的民俗文化中，有關行善積德的活動，一直都體現著社會上的主流價值觀。舉凡敬神禮佛與修橋補路等等，歷來就被視為是力行善舉的常見方式。人們之所以樂於如此奉行不殆，實因善有善報這樣的觀念，早就在絕大多數的世人心目中根深柢固了。

反之，惡有惡報的信念，亦為世人所肯定，在《周易．坤》篇中，就明白地道出了「積善之家，必有餘慶；積不善之家，必有餘殃」的結語。所謂「多行不義必自斃」，這原本是顛撲不破的道理，其宗旨無非是警世以戒惡，奈何古往今來，總是有少數「不信邪」的人，完全無視此一教訓，其結果就如同本故事中的陳姓訟師。

現在科技發達，功利主義盛行，世人處事謀生，多置身於競逐場中而樂於抄短線，欠缺的是縱目遠眺與平心深思的態度。試想人生幾何，若一味只為眼前利益而不擇手段，甚至喪盡天良，則縱有所得，其心豈能自安？若依因果輪迴之說，則即使逃得過今世，來生豈能無恙？就算報應不會出現在自己身上，也得多為自己的子孫後代多想想。故事中惡訟師的報應，正應驗了孔子所說的「始作俑者，其無後乎」這句話！

丐報恩／受恩不忘報

某室頗富，內主待人甚有惠。有一丐棲村旁大樹下，常多病，內主心憫，日出三餐豢養之，丐亦不他往，如是者有年。丐一日病且死，謂內主曰：「我受府上豢養，無以報德，數年來無鼠竊狗盜之擾者，皆我夜夜邏察故也。今且死，有一百納袍，可折為襯履之用，敢以奉贈，幸勿以穢物棄之。殯葬之費，還望出之府上」。其內主接入手，覺甚重，怪之。燈下拆視，中皆黃金。有知其事者，謂此漏網之盜也，遁而行乞，富室待之厚，故以此報之。今之受人恩而不知報者，對此乞丐能無自愧？

——清、宋永岳《志異續編》

好好解釋

某室 某戶人家。

內主 女主人。

百納袍 本謂僧衣，此處指縫滿了補丁的衣袍。

襯履 此處指下葬時死人所穿的壽衣壽鞋。

教你看懂

有戶人家很富裕，女主人待人更是寬厚。某次來了個乞丐，就棲住在這戶人家村子旁的大樹下，由於乞丐平常多病，女主人對他心生憐憫，便每日三餐養活他，而這乞丐也就不打算要走，如此過了許多年。有一天，乞丐病重到快要死了，便對這位女主人說：「我受到府上的豢養，這種恩惠實在無法報答，多年來我能做的，就是夜夜替您家巡視，所以府上沒有遭遇到那些小偷盜匪的驚擾。如今我將死去，眼下有件破袍，姑且折算為我入殮時的穿著所用，因此將它送給您，千萬別把它視為污穢物而拋棄。至於殯葬費用，還請府上幫忙。」

女主人將那件破袍接過手來，覺得重重的，內心很是奇怪。回到家中，夜裡燈下一拆看，發現破袍中裝有許多黃金。有知道這事內幕的，說那乞丐原來是個強盜，逃離法網後便改行討飯，因為這戶富室對他不薄，所以才如此地加以報答。唉！如今那些受人恩惠而從不思報答的人，對此乞丐之作為，能不自感慚愧嗎？

你要明白

「無往不復者天之道，有施必報者人之情。」這是《閱微草堂筆記》中，某段故事後面的結語。基於良知或信仰，認可的人既可視它為哲理，也可將它看成是人生旅途中的常識；只不過，作為凡夫俗子的我們，其能耐自無法縱論「上天之道」，但由生活中經驗，倒無妨來談談社會上的「常人之情」。

照紀昀的觀點來說，人情流露的反應之一，那就是「有施必報」，這無疑是絕大多數人所認同的。譬如說，你走在大馬路上，突然有一個人那怕是從未見過的人，朝你點頭打招呼，出於本能或禮貌，你當然也會回敬一下，這便是有施必報的一個最簡單例子。

例子雖然簡單，但細究「有施必報」這四字之內涵，就必然複雜了。要點之一，是那個「施」字，反之將它換為「恩」字或「仇」字後，其況味便大不相同。我們不妨推敲一下，有的人是不忘報恩而不記仇，但有的人卻是專記報仇而不報恩，善惡之別，於焉立判；而常人之情，所必報者，或上述二者之一，或二者同具，要皆報其所施，可見「有施必報」這四字的涵蓋面，確實道盡了常人之情。

俗語說：「受人點滴，報以湧泉。」這是「有施必報」中的要點之二，強調的是那個「報」字，亦即受人之恩，圖報惟重。至於受人施以仇怨者，「以德報怨」是個理想的目標，能做到「報之以直」，也就算是個中庸厚道者了。

故事中的乞丐與女主人，二者間之貧富程度、出身來歷與平生素行，落差是如此之大，唯獨在「施」與「報」之間，兩人可謂都是恰如其份，憫施之初，何嘗望報？受人厚施，圖報惟重。無怪乎作者會有感於此，在文末發出了兩句慨嘆之語！

罵鴨／天罰

邑西白家莊，居民某，盜鄰鴨熟之。至夜，覺膚癢，天明視之，茸生鴨毛，觸之則痛，大懼，無術可醫。交夢一人告之曰：「汝病乃天罰，須得失者罵，毛乃可落。」而鄰翁素雅量，生平失物，未嘗徵於聲色，某詭告翁曰：「鴨乃某甲所盜，彼深張罵，罵之亦可警將來。」翁笑曰：「誰有閒氣罵惡人。」卒不罵，某益窘，因實告鄰翁，翁乃罵，其病良已。

異史氏曰：甚矣！攘者之可懼也，一攘生而鴨毛生；甚矣！罵者之宜戒也，一罵而盜罪減。然為有善有術，彼術翁者，是以罵行其慈者也。

——清、蒲松齡《聊齋誌異》

好好解釋

邑西 縣城西邊。

茸生 柔密地生長出。

徵於聲色 表現在言語與臉色上。

卒 始終、最後的意思。

良已 很快地消除。

異史氏 在此即表原作者蒲松齡先生，詳後補充說明。

攘 偷、竊之行為。

術 方法。

教你看懂

縣城西邊的白家莊，有個居民在某天把鄰家的鴨子偷來煮了吃。到了晚間，覺得皮膚一直發癢，等到第二天早上起來一看，竟發現身上長出了柔密的鴨毛，而且一碰觸就會痛，於是大為恐懼，卻又沒有辦法醫治。後來在睡眠中，夢見一個人告訴他說：「你所生的這種病，其實是一種老天的懲罰，必須要受到失鴨者的咒罵，此毛才能脫落。」但由於失鴨的鄰定老翁，賦性素來寬容大量，生平中遇到失物時，從來就不會在言語或臉色上表現出不快，盜鴨者便只好向老翁詐稱說：「你所失的鴨子是某甲偷走的，他這個人最怕被咒罵，你不妨咀咒一番，也可以免得以後再受害。」鄰家老翁笑著回答說：「誰有那種閒功夫，去罵這樣的惡人。」始終不肯開罵，盜鴨者益發感到困窘，無奈之餘就將實情向他和盤托出，老翁得知詳情後才罵，盜鴨者的毛病於是便很快地消除了。

異史氏曰：真厲害呀！試觀偷竊的行為是多麼可怕，一犯了這種罪就使身上生出鴨毛來。真厲害喔！咒罵的行為是應該勸戒的，因為一罵就令該承受的盜竊罪獲得減免。不過，為人行善是要講究方法的，就像那位鄰家老翁以罵來達到他行使慈善的目的。

你要明白

俗語說的「不告而取謂之偷」，這是對「偷」字最大眾化的解釋。那麼「竊」與「攘」呢？雖然我們無意在此作一一辨析，更無意對各字作法律條文上的定義；但生活經驗與普通常識告訴我們，「偷」也好，「竊」也罷，這都是極不道德的行為，自有其當受之法律懲處。只不過在古今中外的人類社會中，這種行為便一直存在，因而演變出來的各種戲碼就一直不斷地上演。

本故事則藉由「天罰」的方式，對盜鴨者的鄙卑行為與醜陋窘態，作出了譴責。與此相襯托的，則是鄰家老翁的忠厚大度與為善有術。顯然，卑鄙醜陋與忠厚善良，分別處於道德尺度上的兩個極端，而這也就描繪出了，處於人性深層中的形形色色。

而本故事的後半段文字，是原作者蒲松齡先生對這則故事的主旨闡述。而文章中的「異史氏曰」，則是仿照古典名著《史記》一書中的撰述體裁；蓋以

為文立說，必有其中心思想在，故司馬遷在《史記》的各篇章中，其後多附有「太史公曰……」這麼一小段文字，抒發其本人一種總結性的議論。從此之後，不少文人便加以沿用，蔚為風氣，以致演變成一種特殊的文章體例。

譎判／咎由自取

乾隆間，蘇州樂橋有李姓子，每晨起，鬻菜於市，得錢以養母。一日，道中拾遺金一封，歸而發之，內題四十五兩。母見之，駭然曰：「汝一窶人，計力所得，日不過百錢，分也。今驟得多金，恐不為汝福也。且彼遺金者，或別有主，將遭鞭責，或逼償致死矣！」促持至其所以待，遺金者適至，遂還之。其人得金，輒持去，市人咸怪其弗謝也；欲令分金以酬，其人不肯，詭曰：「余金固五十兩，彼已匿其五，又何酬焉？」市人大嘩。適某官至，詢得其故，佯怒賣菜者，笞之五；而發金指其題，謂遺金者曰：「汝金固五十兩，今止題四十五兩，非汝金矣。」舉金以授賣菜者，曰：「汝無罪妄得吾笞，吾過矣，今聊以是償，汝母所謂不祥者，驗矣。」促持去，一市稱快。

——清．朱翊清《埋憂集》

好好解釋

題 標明、註記。

窶人 窮苦人。

分也 本分也。

匿其五 從其中藏匿了五兩錢子。

笞之五 在此謂打了五板子。

聊以是償 姑且用這個作為補償吧。

教你看懂

乾隆年間，蘇州樂橋有個李姓男子，每日早晨一起來，就到街市去賣菜，靠此掙錢養活母親。某天他在路上，撿到了一封銀子，回家後拆開一看，內面標記著是四十五兩。他母親見了，大驚地說：「你一個窮人，憑的是勞力掙錢，每日不超過百個銅板，這是你的本分。如今突然間得到這麼多銀子，恐怕不是你的福氣。況且丟失銀子的人，也許另有主人，那將會使他遭受鞭責，甚至因追逼賠償而出人命的。」她催著兒子將那封銀子帶到原地去等候，正巧那失者回來找尋，李姓男子便將銀子交還給他。

誰知那失者接回銀子，便二話不說地轉身離去，街市上的人都奇怪那失者沒有表達謝意，大家就要求他分出些錢作為酬金。那人非但不肯，反而詐騙說：「我的銀子原本是五十兩，他已經藏匿了其中五兩，難道還要酬謝嗎？」聽到他如此一說，眾人都大聲嘩然。

恰巧這時來了一位官員，問清了事情的原委後，先是假裝責備李姓男子，並打了他五板子；繼而拆開銀封，指著裡面的標記對那失者說：「你的銀子是五十兩，但這裡寫明為四十五兩，可見這不是你的銀子。」接著將銀子交給李姓男子說：「你無罪而我卻錯打你板子，這是我的過失，姑且用這些銀子作為補償吧，你母親所說的不吉利，也算是應驗了。」說完並催促他拿著銀子離去，這使得滿街市的人，個個拍手稱快。

你要明白

拾金不昧是一項美德，父母與師長從小就這樣教導我們。孟子的「性善」之說，一如《三字經》中所載的「人之初，性本善」，赤子之心本無邪，重要的是如何去教化與薰陶他們。然而，這個五光十色的社會如一個大染缸，所謂「近朱者赤，近墨者黑」，孩子們的後續成長證明，賢不肖的各異其行，均為受到種種環境的影響所致，可見健康的環境與持續的教育，是何等的重要。

發生在本故事中的情節，除了對拾金不昧的行為加以肯定之外，更對居心不良者，做了有力的撻伐。試想財物的失而復得，原本應該喜出望外，按照人之常情，失主理該對拾物不昧者感激再三，並適度表達酬謝；不意故事中的遺金者，竟因小氣之故，反倒昧著良心含血噴人，當然會引起眾人的共憤，而他所落得之下場，可謂咎由自取，出人意表的譎判，誠然大快人心。

第二課

貴人都是有原則的

益見其忠／宰相肚裡能撐船

王太尉旦荐寇萊公為相，萊公數短太尉於上前，而太尉專稱其長。上一日謂太尉曰：「卿雖稱其美，彼專談卿惡。」太尉曰：「理固當然，臣在相位久，政事闕失必多，準對陛下無所隱，益見其忠，臣所以重準也。」上由是益賢太尉。

——宋、李元綱《厚德錄》

好好解釋

王太尉旦 王旦，字子明，宋人，太宗時舉進士，真宗朝為太尉，掌朝政多年，封沂國公。

寇萊公 名臣寇準，字平仲，以進士累官樞密院直學士、同平章事等職，居相後封萊國公，卒諡忠愍。

數短 數度道人之短。

闕失 即缺失。

教你看懂

太尉王旦在朝中推荐寇準為宰相，但寇準卻數度在皇帝面前說他的短處，而王旦每次提起寇準時，都只稱讚他的長處。有一天，皇上對王旦說：「你雖然替寇準說好話，但他說的卻都對你不利。」王旦回答說：「這是很自然的事，由於我擔任宰相的時間很長，其間大大小小的政事，必然有許多缺失，寇準不想對陛下隱瞞，這更顯示他的忠直之處，這正也就是我敬重他的原因。」聽到王旦如此說，皇帝於是對他越發的器重。

你要明白

「將軍臂上可跑馬，宰相肚裡能撐船」，這是在說明非常之人，必有非常之能耐，尤其是後者，常被用來形容一個人的雅量與氣度。所謂「大人有大量」，基本上是對的，但任何事物都有其相對性，亦即並非所有的大人物都具備了與其名位相稱的肚量，反之有些升斗小民，卻也可擁有絕佳的風範，換言之，主要還須視人而定。

身為秉國掌政的王旦，為朝廷舉才是他責無旁貸的義務之一，基於他的人生歷練與獨到的眼光，推荐了寇準為宰相，後續的歷史也證明了他是對的。只不過在當時對他這個當事人而言，寇準未必能如世俗般地投桃報李，反而在皇帝面前盡講些對他不利的話，王旦能有那樣的謙虛態度，這就絕不是普通人所能做得到的，也難怪宋真宗會越發的器重他了。在多年前，曾聽到一位老前輩感慨地說過：「凡是有兩個人以上的地方，就必然會有麻煩。」言下之意，就是指人與人相處，很難不發生摩擦與扞格。事實上，人之相傾，自古以來皆如斯，尤其以官場為烈，即使在較小的機構，例如一間公司中，職員們也有可能在經理面前，彼此打對方的小報告，說長道短的壞習慣隨處可見。

當然，我們寧願相信，寇準在宋真宗面前對王旦的指責，真的如王旦所說，是出於對政事缺失的善意批評，目標是就事論事而非人身攻擊。這讓我想起了清朝咸同年間，名臣左宗棠與曾國藩之間的故事，雖然左宗棠因自負其才而不肯屈居人下，以致每每與曾國藩意見相左，造成彼此老是抬槓，但畢竟身受曾國藩諸多維護與提攜，所以在曾國藩死後，左宗棠撰述了一幅發自內心的輓聯：

知人之明，謀國之忠，自愧不如元輔；
同心似金，攻錯似石，相期無負平生。

大臣之間，儘管有私人意見上的不同，但在安邦謀國方面，就必須要「同心似金，攻錯似石」了。

朋黨／見賢思齊

范文正公貶饒州，朝廷方治朋黨，士大夫莫敢往別，王待制質獨扶病餞於國門。大臣責之曰：「君長者，何自陷朋黨？」王曰：「范公天下賢者，顧賢何敢望之？若得為范黨人，公之賜質厚矣！」聞者為之縮頸。

——宋．王闢之《澠水燕談錄》

好好解釋

范文正公 即宋代名臣范仲淹，卒謚文正。

饒州 州名，位今江西省上饒地區。

王待制質 王質，字子野，曾官天章閣待制，知陝州，克己，好善，自奉簡素；待制，官職名，在朝輪流當值，供朝廷顧問之需。

教你看懂

當范仲淹要被貶往饒州時，朝廷查治朋黨，故士大夫中無人敢去送別，唯獨待制王質，抱病在京師城門口替范仲淹餞行。有大臣就責怪王質說：「您是一位長者，何必自陷朋黨？」王質回答說：「范公是天下的賢者，反觀我王質怎能與他比呢？若果如您所言，我是范公的黨人，那是您的厚賜了。」聽到這話的人，嚇得直縮脖子。

你要明白

在中國歷史上，朋黨的意涵曾一度發生過爭辯。從字面上看，它是由朋與黨兩字組成，二者通常都是中性字眼，而「朋黨」一詞，原泛指旨趣或政見相類同之人彼此結合的團體，故它亦應屬中性詞。但不幸的是，這個詞長久以來，卻往往帶有貶義，從本故事的標題及其內容來看，就知道此言不虛。

朋黨最早見諸《韓非子．孤憤》篇中的「朋黨比周以蔽（弊）主，言曲以便私者，必信於重人矣」，已隱然看出，朋黨二字有「勾結欺瞞」之意。到了《晉書．郤詵傳》中，明載有「動則爭競，爭競則朋黨，朋黨則誣罔，誣罔則臧否失真，真偽相冒」等語，益見其貶義甚重。至於朋黨被專指為政爭團體而言者，發生在幾次重大的歷史事件中，諸如後漢時的「黨錮之禍」與晚唐期的「牛李黨爭」，本故事中的朋黨之議，則出現在宋仁宗慶歷年間。

歷代帝王都害怕臣下「比周以蔽主」，故對朋黨十分忌諱，當時的范仲淹與杜衍等人，就是被政敵誣蔑為朋黨，致使大文學家歐陽修為此撰「朋黨論」一文，強調「小人同利而無朋」與「君子同道則有朋」的區別，結論是為人君者應「退小人」而「用君子」，由於論述的曲暢婉切，這不但使宋仁宗感悟，也連帶使該文成為千古佳作，《古文觀止》中便收有是篇。

臺諺有所謂的「西瓜偎大邊」，所指者無非是人性中的趨炎附勢。反觀故事中的王質，他能在當時的一片肅殺氣氛裡，甘冒自陷朋黨的危險，抱病替范仲淹餞行，相較於他人的明哲保身與聞之縮頸，這是何等的正直與勇氣。誠如他自己所言，既已認定范仲淹是賢者，則見賢思齊乃是他所企求的，縱使被歸類為「范仲淹的朋黨」，別人視為畏途，而他卻樂於受之且當作是一種「厚賜」，至於一己之安危，早已置之度外，無怪能留名於青史，同時也為「朋黨論」作了最佳詮釋——即使是朋黨，也要成為君子朋而非小人朋。

韓信／忍辱成事

韓信常從南昌亭長食，數月，亭長妻患之，乃晨早食，食時信往，不為其食，信亦知意，遂絕去。釣城下，有一漂母見信饑，飯之，竟漂數十日，信曰：「吾必重報母。」母怒曰：「大丈夫不能自食，吾哀王孫耳，豈望報乎！」淮陰少年有辱信者，曰：「君雖姣麗，好帶長劍，怯耳。能死，刺我；不能，則出我跨下。」於是信熟視之，俛出跨下，匍匐，一市人皆笑，以為信怯。後佐命大漢，功冠天下，封為楚王。賜所食母千金，及亭長與百錢，曰：「公，小人也，為德不竟。」召辱信之少年以為中尉，告諸侯將相曰：「此人壯士也，方辱我時，豈不能殺之，殺之無名，故忍至於此也。」

——東漢、應劭《風俗通義》

好好解釋

南昌 此處指淮陰地域所轄的一個亭。

亭長 秦漢時設於道旁，供行人宿食的公共房舍，謂之亭；主其事之官吏為亭長。

漂 在水中沖洗絲紗之類者。

王孫 因秦末多失國之貴族，故言王孫、公子者，尊稱以表客氣。

俛 在此指低著頭。

跨下 跨通胯，《史記》中作梔，三者均指兩股之間。

中尉 官職名，職司巡城捕盜事項。

教你看懂

韓信早年曾常到南昌亭長家吃飯，這樣長達數月，讓亭長的妻子很討厭，就大清早提前吃飯，等到韓信在吃飯的時候趕去時，便沒人再為他打理飯菜，韓信也知道人家的用意，就不再去亭長的家中了。

後來有一次在城下護城河邊釣魚時，一名漂紗的老太太看出韓信餓著肚子，就請他吃飯，這樣連續了幾十天，韓信對她說：「我以後一定要重重地報答您。」老太太生氣說：「我是同情您不能自食其力，豈是指望著回報。」再後來又有個淮陰少年侮辱著韓信說：「你雖然相貌長得漂亮，又帶著長劍，但其實膽小怕事。如果不怕死，就拿劍殺我，否則的話，就得從我胯下鑽過去。」韓信於是盯著他看了好一會，然後低著頭，從其胯下在地上爬了過去，滿街市的人都發出譏笑聲，認為韓信膽怯。

等到韓信輔佐漢朝，因功高蓋世而被劉邦封為楚王之後，他賞賜了千金給那漂紗的老太太，又給南昌亭長一百錢，並說：「你是個目光短淺的人，做好事不能有始有終。」並把那個曾經侮辱他的淮陰少年召來，讓他擔任中尉的職務，告訴身邊的諸侯將相說：「這人是個壯士，當初他侮辱我時，我不是不能殺他，只是沒有殺他的名目，所以就忍了下來，因而才有了今天。」

你要明白

司馬遷在《史記》中引述漢高祖劉邦的話說：「……戰必勝，攻必克，吾不如韓信。此三者，皆人傑也，吾能用之，此吾所以取天下也。」這裡的「三者」，指的是為劉邦奠定漢朝數百年基業的漢初三傑─張良、蕭何與韓信。此兩文一武之中，以韓信的起用、受知、遭忌與被殺最富戲劇性，而身死族滅的下場也最慘，以致於留給後世「兔死狗烹」之概歎。

古來有所謂「英雄不論出身低」，就拿貴為萬民之尊的皇帝來說吧，劉邦本人便是一例，非但家境寒微，而且從小遊手好閒；另一個被稱為「和尚皇帝」的，是明太祖朱元璋，其出身更是貧困，十七歲後便成為一個孤苦無依的人。但這兩人之後均能成就一代帝業，各被尊為高祖與太祖，事情絕非偶然，而是和其後來的堅毅奮鬥息息相關。

醫貧／給你魚吃，不如教你如何釣魚

吳門葉天士桂，精醫理，求治者踵相接。一日，乘肩輿出，有鄉人迎道左，乞視疾，葉停輿診之，曰：「六脈均調，奚病耶？」鄉人曰：「公名醫，奇病險症，無不洞悉，小人所患者，貧病也，不識公能療之乎？」葉笑曰：「是疾也，亦頗易治，子於晚間來取方，一服即癒矣。」至暮，鄉人敲其門，乞醫貧良藥。葉令拾城中橄欖核種之，俟苗茁來告，當獲厚利。鄉人如其教，未幾，苗芃芃然。走告葉，葉曰：「即日起有求苗者，高其植，勿賤售也。」葉自是藥引皆用橄欖苗，病者爭往購。數日，苗漸稀，求者益眾，值益昂，鄉人獲錢無算，苗盡而藥引亦除矣。既而鄉人具禮來謝，葉曰：「病癒乎？」鄉人曰：「賴公力，已全瘳矣。」葉笑而遣之，至今吳人傳為美談。

——清、陸長春《香飲樓賓談》

好好解釋

吳門 地名，及今蘇州。

葉天士桂 清朝吳縣人，名桂，字天士，以字行；精醫理，傳父之學，有名於時，治病多奇中。

肩輿 即俗稱轎子者，使人肩之行，故名。

六脈 中醫學術名稱，指「浮、沉、長、短、滑、澀」六種脈相之總稱。

悉 何，甚麼。

子 對人之敬稱。

芃芃 草木茂盛貌。無算一無數，在此指很多很多。

除 去除不用。

吳人 因吳縣隸屬蘇州府（吳門），故吳人在此指蘇州一帶的人們。

教你看懂

蘇州府的葉天士，精通醫理，上門求治的人接踵而來。在某天，當他乘坐轎子外出時，有一位鄉人在途中將轎子攔住，請求葉天士替他看病，葉天士停下轎子替他診斷了一會兒，就說：「你的六脈都很調和，到底有何病痛呢？」

鄉人說：「您是名醫，各類奇症，沒有不洞徹熟悉的，但小人我所患的，卻是貧窮症，未知先生您能幫忙治療嗎？」葉聽了後笑著回答：「這種病嘛，也不難醫治，你可在今晚來取藥方，應該一服藥就會治癒的。」等到日暮時分，那名鄉人果然來葉家敲門，乞求醫貧的良藥。葉天士就教他趕快去撿拾城中路面上的橄欖核栽種，一等到橄欖苗長出來了便來告知，葉天士對他說：「從今日開始，如有人來向你買橄欖苗時，記得價錢要開得高一些，切勿賤賣了。」同時也就從那天起，葉天士所開出的藥方中，都是採用橄欖苗來做藥引，因此病患都爭相往鄉人處購買。這樣過了幾天，原先長成的苗慢慢少了，但求購者卻愈來愈多，於是價錢也就越來越貴，那個鄉人因此賺到了大把的錢，等到橄欖苗賣完時，葉天士的藥方中也就不再採用橄欖苗做藥引了。

這件事告一段落後，鄉人便帶了禮物來向葉天士致謝，葉天士問他說：「你的病好了嗎？」鄉人回答：「多虧您大力幫忙，貧窮症已完全治癒了。」葉天士笑著送走了鄉人，一直到現在，蘇州地區的人仍將此事作為美談在傳播。

你要明白

這是一則略帶幽默，但卻頗感溫馨的故事。故事中僅有的兩個人物，一個是「異想天開」的鄉人，其突兀的「求診行為」，難免令人發噱，另一個則是「無病不治」的名醫，其特異的「醫貧良方」，又不能不讓人讚許，在讀完故事而發出會心一笑之餘，其間仍有值得我們思索的問題存在。

毫無疑問的事，故事的主旨是在於推崇葉天士這個人。經由「醫貧」這麼一段奇事的過程，彰顯了他對棘手事務處理上的智慧與能力，俗語有謂「救急不救窮」，何況是要「醫貧」，但他借助於本身的醫術，既為鄉人解決了困境，也未損及自己的醫德；而在達到初步目的後便見好就收，不再採用橄欖苗為藥引，否則就有斂財之嫌了。

從另一個角度來說，他既能讓那個鄉人賺大錢，但卻不會圖利自己，則顯見其「圖利他人」的目的，完全出於一念之仁。當然，他這種仁心不是鄉愿式的，因為他既沒有無條件地自掏腰包來替鄉人抒困，也不曾讓他誤以為會有「錢會從天上掉下來」的僥倖心理；以現在經常用的話來說，他是採用一種「給你魚吃，不如教你如何釣魚」的進取手段，來達成及助人為快樂之本的宗旨。

所謂名醫與良醫，其間有著絕然的區別，一名醫生倘能二者兼備，那才真正配得上「仁術仁心」之美譽；史載葉天士死的時候高壽八十歲，臨歿之前還告誡他的兒子說：「醫可為而不可為，必天資與學力相濟而後可應世，不然鮮有不殺人者。」看到這裡，葉天士對「仁術仁心」這四個字真的是當之無愧的。

玄宗用韓休為社稷／民為貴，君為輕

唐玄宗以韓休為侍郎，同平章事。休為人峭直，不干榮利。及為相，葛允時望。上或宮中宴樂及後苑遊獵，小有過差，輒謂左右曰：「韓休知否？」言終，諫疏已至。上常臨鏡默然不樂，左右曰：「韓休為相，陛下殊瘦，何不逐之？」上嘆曰：「吾貌雖瘦，天下必肥。蕭嵩奏事常順旨，既退，吾寢不安；韓休常力爭，既退，吾寢乃安。吾用韓休，為社稷耳，非為身也。」

——宋、葛洪《涉史隨筆》

好好解釋

韓休　唐代長安人，工文辭，舉賢良，官至宰相，卒諡文忠。

門下侍郎　官名，原稱黃門侍郎，為君主近侍之官。

同平章事 官名，唐高宗後，為事實上的宰相；至宋代，遂直接沿用為宰相的官稱。

峭直 謂嚴峻之意。

蕭嵩 唐人，開元中為河西節度使，官至太子太師等職。

順旨 順從皇帝的意願。

教你看懂

唐玄宗在早期，曾先後任命韓休擔任門下侍郎與同平章事的官職。韓休的為人嚴峻，從不求名利。在他任職宰相期間，眾望所歸，十分稱職。玄宗偶爾在宮中宴樂或到後宛遊獵，一旦小有過失時，就會問身旁人說：「這件事韓休知道嗎？」話才講完，韓休的諫疏便送到了。在面對鏡子時，玄宗常常顯得悶悶不樂，身邊侍從對他說：「自從韓休當了宰相之後，皇上變得特別消瘦，為何不將他逐離宰相職位呢？」聽了這話，玄宗嘆著氣回答說：「我雖然形貌上瘦了，但天下百姓的荷包卻肥了。蕭嵩這個人每次奏事，都能順從我的意願，但退朝之後，我總是睡得不安穩；而韓休雖老是和我起爭執，然而在退朝之後，我的睡眠卻很安穩。我之所以重用韓休，為的是國家，而不是為了我自己。」

你要明白

讀過李白的「清平調」，不難想見楊貴妃的絕代容顏，讀過白居易的「長恨歌」，可以得知唐明皇的一往情深。但因多少年來，「春宵苦短日高起，從此君王不早朝」的詩句廣泛流傳，以致世人在一般的認知裡，大都覺得唐明皇只是一個貪圖色慾享樂的封建帝王；這種看法其實是錯誤的，至少，也是以偏概全的。

在唐史中，姓李名隆基的唐玄宗，又稱唐明皇，玄宗是其廟號，明皇兩字則來自他的尊號「至道大聖大明皇帝」。自開元元（公元七一三）年即帝位開始，至天寶十五（公元七五六）年傳位給太子李亨為止，主政長達四十餘年，在此期間，先有「開元之治」，後遭「安史之亂」，史家從長時段來評論玄宗的功過，多用「先明後昏」四字以蔽之。

但若細說玄宗的為人，世人都說他有決斷，富才藝，知音律，重文史；而開元之治的關鍵，則得力於他早年的智勇及賢能宰相姚崇等人的輔佐。只是很不幸的是，到天寶四（公元七四五）年冊立楊玉環為貴妃之後，玄宗便逐漸對朝政鬆懈，加上一連串的小人（例如安祿山、高力士、楊國忠）當道，終於引發安（祿山）史（思明）之叛，讓國家搖搖欲墜，到了天寶十五年，玄宗倉皇奔蜀，在無奈之際，於馬嵬驛殺了楊貴妃，這段愛情終以悲劇收場。

我們在這裡所介紹的，則是繼姚崇、宋璟之後，由韓休擔任相時，所發生在玄宗日常片段中的一些故事，這其中充分說明了玄宗一心為著國家著想，是如何地深自惕勵與屈己待賢，作為明君的這種楷模，因而造就了所謂的開元盛世，後人甚至有將他的「開元之治」，與其祖父唐太宗的「貞觀之治」相比擬，足可見其政績在歷史上，所獲得的評價是頗高的。

唐太宗曾對宰相房玄齡說過：「以銅為鏡，可以正衣冠；以古為鏡，可以知興替；以人為鏡，可以明得失。朕嘗寶此三鏡，用防已過。今魏徵殂逝，遂亡一鏡矣。」則合本故事而成三——三者均與日常生活中非常普通的「照鏡子」一事有關。

試問「對鏡」一事，其中難道有什麼玄奧之處嗎？其答案是肯定的。問題是，你要從那一個角度與那一種深度來加以闡述它。就世事與哲理方面，讀者可以從上文中細加揣摩。然而一般讀者很難碰觸到的，是一個被稱為「鏡像對稱（mirror symmetry）」的物理學問題，雖說它指的是我們在照鏡子時，所產生左右互換的一種簡單現象，但其所涉及的物理內涵，卻是一項觀念性很強的「對稱性問題」。

無論是李政道或楊振寧，他們在作科普演講時，都不止一次地藉用「對鏡」一事，來解釋一種名為「宇稱」的重要物理概念。事實上，正是因為他們發現了「弱交互作用（weak interaction）」並不遵守所謂「宇稱守恆（the conservation of parity）」，所以才獲得一九五七年的諾貝爾物理學獎。希望讀者們以後在照鏡子時，也不妨多一些思考吧。

林琴南餽米於師／社會、學校與家庭

閩縣林琴南孝廉紓六、七歲時，從師讀。師甚貧，炊不得米。林知之，亟歸，以襪實米，滿之，負以致師。師怒，謂其竊，卻弗受。林歸以告母，母笑曰：「若心固善，然此豈束脩之禮？」即呼傭，齎米一石致之塾，師乃受。

——清、徐珂《清稗類鈔》

好好解釋

閩縣 即今福州。

林琴南孝廉紓 名文學家，姓林名紓，字琴南，號畏廬；光緒舉人（孝廉為其俗稱），入民國後曾任北京大學教授；以翻譯外國小說而名重一時。尤以《巴黎茶花女遺事》、《伊索寓言》與《黑奴籲天錄》等為最著名。

實米 裝塞大米。

若心 你的心地。

束脩 泛指學生送給老師的學費或禮物。

齎 送也。

教你看懂

閩縣的林琴南孝廉，在他六、七歲跟隨老師讀書的時候，由於這位老師的家境相當貧窮，以致於常常會產生無米為炊的窘況。有一次林琴南發覺到這種情形，就急忙跑回家中，將米用襪子裝得滿滿的，然後帶去送給老師。誰知老師反而生氣起來，認為他這是一種偷竊行為，所以就拒絕接受他所要送的米。幼小的林琴南回家後。便將這一切告訴了他的母親，他母親於是笑著對他說明：「你的心地雖然很良善，但方法卻不對，那有這樣子送束脩禮給老師的呢？」說完後隨即叫喚傭人來，備了一石的大米送到私塾去，在這樣的安排下，老師才收受了林家好意送來的大米。

你要明白

一則簡短的故事，給我們描繪了三個具有正面形象的可敬人物——心地善良的學童、為人方正的老師與處事通達的家長。讀來既感溫馨，讀後猶有回味。人們常說：「赤子之心是最可貴的。」因為那是純真善良的表徵。《三字經》開門見山的六個字就說：「人之初、性本善。」可知孟子的「性善」之說，所指的原本就是天生自然的，故事中林琴南的兒時行為，恰好印證了這個說法。

只是複雜的社會猶如一隻大染缸，如何使孩子們健康地成長以朝向正途邁進，有待「社會、學校、家庭」三方面的通力合作，但畢竟社會是一個帶有抽象概念的龐然大物，極難以少數人的一時之力加以匡導，然而退而求其次，一個為人師長或父母者，卻不難劍及履及地，落實其對孩子們的教導責任，試觀故事中的塾師與林母，不就都是在給兒時的林琴南，同時進行身教與言教的雙重灌輸嗎？

一笑軒／情與法

沈文肅性剛而廉，撫吾省，丁憂歸，不名一錢，開「一笑軒」紙鋪，寫字度日。寫對聯一，兼裝潢，錢四百枚，寫團扇．折扇，小楷每柄四百枚，行書二百枚。無論何人皆寫，但用單款書姓名三字，不知者頗疑其矯。

及起任為兩江總督，座師某廢居金陵，文肅往見之，送銀一百兩，曰：「不腆之儀，為先生壽。以後師生晤面，閑談文藝則可，乞勿關說公事。」既有知縣某，營署一優缺，賄屬其座師往求情，文肅默然不言。送出後，即懸牌轅門曰：「某令敢如此鑽營，非奏參不足以警其餘。」某令本可輪委，反因此一求，革職歸矣。自是聞者悚惕，無敢效尤焉。

——清．歐陽昱《見聞瑣錄》

好好解釋

沈文肅 沈葆楨，字翰宇，清侯官人；道光進士，官至江西巡撫．兩江總督，卒謚文肅。

撫吾省 因作者為江西人，故此指「任江西巡撫時」。

丁憂 遭父母之喪，謂之丁憂，又曰丁難：清代官吏若遇丁憂，須在家服喪三年。

寫字度日 意指「鬻書（賣字）為生」。

單款 我國書畫藝術中，有所謂「題款」或「落款」者；「單款」在此指不書寫接受者姓名，只留署書寫者姓名。

矯 矯情。

座師某 古時考中功名者對主考官、總裁官的稱呼，謂為座師；某，指某人，此故意隱其姓名。

廢居 指休閒（在野）居家。

不腆之儀 謙詞；腆，豐厚也。

既 既而，稍後也。

轅門 官署大門。

輪委 猶指輪派也。

教你看懂

沈葆楨的本性剛正而廉潔，任職江西巡撫時，曾因父母之喪而歸鄉家居，由於非常貧困，只好開一間取名為「一笑軒」的紙鋪，靠賣字維持生活。他所訂出的潤筆費用是：書寫對聯一幅兼裝潢，四百個銅錢。以小楷書寫團扇或折扇，每柄均為銅錢四百；但以行書書寫者，則為二百。他不分對象，任何人來找他都可以書寫，然而題款時，他只肯留署自己的姓名（三個字）而已。不了解他的人，都覺得他這做法有些矯情。

等到他升任兩江總督時，他有位座師賦閒居於金陵，沈葆楨帶了一百兩銀子去探望他，並對座師說：「這點小小意思，姑且作為送老師的壽禮。只是往後師生見面時，最好是談文說藝，請莫關說公事，以免學生為難。」過未多久，有一名想營求某肥缺的知縣，竟以行賄的方式，請沈葆楨的座師來向他求情，見面時，沈葆楨不說一句話。待送走老師後，沈楨立即在官署大門上掛出告示牌，大意是說：「某某縣令竟然如此地鑽營，若不加以彈劾嚴懲，則無法使其他的人有所警惕。」該縣令原本可經由輪派以獲得那個差事，結果是由於這樣的鑽營，反而被革職回家了。自從這事後，聞說者個個心生警惕，不敢效尤。

你要明白

自古以來人情關說，殆不可免，古今中外，莫不皆然。即使以號稱為民主楷模的美國為例來說，在美國英語中的所謂 Lobby 一詞，其語意之一，便是專指「向議員們遊說的個人或團體」。雖然擔任這種遊說的機構，必須是在美國相關法律所許可的規範下運作，但其替特定對象之利益作政策遊說的行為，與社會上的一般人情關說又有所區分？

然而我們知道，過份或違法亂紀的關說，自不為「人情」與「法理」所容忍。舉例而言，候選人為求勝選，拜託親友廣為宣傳政見以爭取選票，這是合乎「情、理、法」的選舉活動方式，但若是使用金錢賄選或是脅迫他人使其違反自己的意願，則顯然屬犯法行為而必遭選罷法的懲處。本則故事中的某縣令，就是採取不正當的手段去關說，結果適得其反而慘遭革職。

如果說使用不正常手段以謀利而導致求榮反辱，是這個故事給予世人的教訓；則故事中所描述沈葆楨的待人、處事與律己，那便是作者所希望帶給我們的教化。另外在文字方面，本故事一開始，只用「沈文肅性剛而廉」這寥寥七個字，便已經將全文內容與主旨概括出來了，深得畫龍點睛之妙。稍後在首段末，再以「不知者頗疑其矯」這七字，為下文埋下了伏筆，因為沈葆楨深通人情事故，他惟恐有人到時候攀親帶故，拿著他署有上、下款的題字去招搖撞騙，故堅持使用「單款」而不理會別人懷疑他矯情，證諸後文所述，可知沈葆楨之世事洞徹，這也就顯示出了作者的佈局功力，而這些也都是值得我們學習的地方。

至於沈葆楨其人，生平距今並不遠。同治年間，清廷曾命他以欽差大臣身份，來臺督辦軍務，對臺澎之經略貢獻至偉。臺南延平郡王祠中，至今猶留有他所題的讚譽鄭成功的對聯，如下——

開萬古得未曾有之奇，洪荒留此山川，作遺民世界；

極一生無可如何之遇，缺憾還諸天地，是創格完人。

三利三益／固守正直之心

吏部尚書唐儉與太宗棋，爭道。上大怒，出為潭州。蓄怒未泄，謂尉遲敬德曰：「唐儉輕我，我欲殺之，卿為我證驗有怨言指斥。」敬德唯唯。明日對仗云，敬德頓首曰：「臣實不聞。」頻問，確定不移。上怒，碎玉珽於地，奮衣入。良久索食，引三品以上皆入宴，上曰：「敬德今日利益者各有三：唐儉免枉死，朕免枉殺，敬德免曲從，三利也；朕有怒過之美，儉有再生之幸，敬德有忠直之譽，三益也。」賞敬德一千段，群臣皆稱萬歲。

——唐、張鷟《朝野僉載》

好好解釋

唐儉 唐朝晉陽人，字茂系，佐太宗定天下，卒諡襄。

爭道 謂下圍棋時搶佔有利位置。

潭州 州名，故治即今湖南長沙。

尉遲敬德 唐初大將，善陽人，複姓，名恭，以字行，累封鄂國公，卒諡忠武。

奮衣 本意指振衣去塵，在此喻生氣的樣子。

索食 指開席用餐。

怒過 猶謂改過，怒在此解作譴責。

段 通假字，同「緞」。

教你看懂

吏部尚書儉，有一次與唐太宗下圍棋，布局時，搶先佔據了有利位置。這使得太宗大為生氣，隨即將唐儉貶為潭州的地方官。在餘怒未息的情形下，又對尉遲敬德說：「唐儉不夠尊重我，我想殺了他，你要替我作證，說外間對他有所指控。」尉遲敬德唯唯諾諾地答應著。到了次日當面對質時，尉遲敬德叩頭說：「我實在沒有聽到外間有對他的指控。」太宗連問了好幾次，尉遲敬德都不改原先的說法。這讓太宗非常惱火，氣得將手中的玉板摔碎在地上，拍拍衣服進去了。過了相當長的一段時間，太宗命開席用餐，將三品以上的官員都請入座，席間太宗說：「敬德今天所為，有利、有益者各計三項：使得唐儉免於枉死，我免於枉殺，敬德免於曲從，這是三利；又使得我有改過的美名，唐儉有再生的幸運，敬德有忠直的聲譽，這是三益。」講完話後，並賞賜尉遲敬德一千緞（布匹），群臣都高呼萬歲。

你要明白

「正直為神，慈悲為佛」，對於過往的歷史人物，因其事功或德業，後世往往建廟立祠，塑其像加以祭祀，以示崇敬與供人膜拜。最為我們所熟知的，莫過於如來佛祖與媽祖娘娘，尤其是近期間一連串的宗教活動，大多與此兩位神祇有關。

不過，還有一種神明，其像是用紙繪而非塑造的，並將其繪像貼在古厝老宅的兩扇大門上，那便是習稱的「門神」。門神的作用就是希望能驅魔避邪，以保家宅安寧，其中有一對門神，就是當年輔佐唐太宗征戰天下的兩員大將——秦瓊與尉遲恭。

秦瓊，字叔寶，唐朝歷城人，對愛好平劇的朋友來說，應是比較熟悉的，這是因為「秦瓊賣馬」乃一齣名劇，見諸載籍者，尤其在筆記小說類中，著墨較多的則是尉遲恭，也就是我們故事中的尉遲敬德。

毫無疑問，原作者的主旨是在推崇尉遲恭的剛正無私與不為勢屈，由於他深知皇帝想藉「莫須有」的罪名而置唐儉於死地。且要他在大庭廣眾面前作偽證，成為道地的殺人幫凶，這種不仁不義的行為，豈是他能做得出來的。即使在唐太宗「頻問」之下，甚至惱怒到「碎玉斑於地」之際，尉遲恭仍能據實以對，且「確定不移」，這種觸「天怒」、犯「龍顏」的舉動，隨時有可能賠上性命，他又何嘗不知道？只因固守正直之心，遂能不顧百年之身，這種勇氣與堅持，卒能贏得帝王的悔過與讚譽，他一併贏得後世的崇敬而選作門神，實在不是偶然而來的。

雖然史有定評，一致認為唐太宗李世民，在歷史上不失為開明的君王，但君王畢竟也是人而非神，是人便有人性上的弱點，「偏狹」而「自用」，外帶「輸不起」，唐太宗的這些缺點，在此故事中便完全表露無遺。當然，我們很難，甚至無法根據時下的標準，去評斷古人的行事與氣節，因為時空的差異實在太大，何況是在價值準則急速變遷的今天，只不過有些東西，例如人性中的基本共通點，是無間於古今中外的，以本故事中的兩大要項——尉遲恭的忠直與唐太宗的怒過——而論，自應受到肯定並作為借鑒，這也正應了唐太宗自己所說過的「以古為鏡，可以知興替」，我們讀史，其目的不就是為此嗎？

富不易妻／糟糠之妻不下堂

太宗謂尉遲公曰：「朕將嫁女與卿，稱意否？」敬德謝曰：「臣婦雖鄙陋，亦不失夫妻情。臣每聞古人語：『富不易妻，仁也』臣竊慕之，願停聖恩。」叩頭固讓，帝嘉而止之。

——唐、劉餗《隋唐嘉話》

好好解釋

太宗 即唐太宗李世民。

尉遲公 即尉遲恭，字敬德，唐初大將，以字行，因功累封鄂國公，卒謚忠武。

固讓 再三辭謝。

教你看懂

有一次，唐太宗當面對尉遲敬德說：「我想把女兒嫁給你。你是否覺得合意呢？」敬德推謝說：「我太太雖然粗俗醜陋，但與我不失夫妻之情。而且我聽說古人有句話：『富不易妻，仁也。』對此我非常傾慕，所以請皇上打消那番好意吧。」說完後再三叩頭辭讓，唐太宗覺得他這個人很值得嘉許，以後也就沒有再提這件事了。

你要明白

在《後漢書，宋弘傳》中，曾引古語謂：「貧賤之交不可忘，糟糠之妻不下堂。」由此話而衍生出的「富不易妻，貴不易友」，多少年來就成為世人用作自我惕勵或品評他人的名言。當然，要成為貴人或富翁，並非個個都有機會，事實上反倒是很困難，只不過人一旦富貴之後，要想真正做到「富不易妻，貴不易友」，經驗法則告訴我們，卻不是一件容易的事。

近年間在我們社會中，流行一句頗堪玩味的話——換了「屁股」就換了「腦袋」——這無疑是帶有諷刺性的話，因為它暗示出某些有了權勢或地位的人，自己的思維或原先的理想也跟著改變了；就某種意涵上來說，這種情形似乎與「富易妻而貴易友」者，有著異曲同工之妙。

故事中的主角尉遲恭，是個家喻戶曉的人物，歷史上記載他是一位忠勇的武將，可見他的謚號「忠武」確是名副其實的，再從文章內容來看，他又是一個具有高尚品德的大臣，能真正做到富不易妻，且薄駙馬而不為，這大概就是他在過往的年代裡，為什麼能和秦叔寶同為民間奉作門神的原因了。

李遠菴居官清苦／常俸外不取一毫

國朝李遠菴，居官清苦，常俸外不取一毫。鄭澹泉，迺公得意門生也，宦南京數年，歲時只寒溫而已。一旦侍坐最久，有一布鞋在袖，逡巡不敢出。遠菴問袖中何物，鄭曰：「曉之妻，手製一布鞋送老師。」遠菴遂取而著之。生平受人物，僅此而已。

——明、鄭瑄《昨非菴日纂》

好好解釋

國朝 此指明朝。

迺 通乃。

寒溫 猶今時寒暄之謂，應酬語。

逡巡 在此喻欲語還休、猶豫不決貌。

教你看懂

明朝的李遠菴，為官時相當清苦，除日常俸祿外，不會多拿一分一毫錢。鄭濬泉是他的得意弟子，在南京做了好幾年的官，每年來探視他時，見面都只是一些寒暄的問候話而已。有天早上來看老師，鄭濬泉陪侍了很久，他袖子裡有一雙布鞋，猶豫著不敢拿出來。看到他這樣子，李遠菴問起袖子裡裝的是什麼時，鄭濬泉回答說：「今早我出門時，我太太將她親手所做的一雙布鞋，要我拿來送給老師。」李遠菴聽後，便接過鞋子穿上了，他平生所曾收受別人的財物，就只有這雙布鞋而已。

你要明白

常言有謂，文官不貪錢，武官不怕死，則社會安定、天下太平，而國家幸甚；無論是古時或現代，也無論是全球中的任何一個國家，只要詳細考察一下其吏治或官場文化，就知此言不假。反之，若是文官愛貪錢，武官很怕死，則這個國家縱使不是來日無多，大概也是積弊難振了。

雖說人生在世，無錢難以自存，而生活中的種種，也處處都離不開錢，所以每個人皆愛錢，自有其現實上的理由，這原本是不足為奇的。但必須要注意的是，因吏治之腐敗而導致社會之不安，問題出在那個「貪」字上！所謂「君子愛財，取之有道」，只要光明正大，任何人賺再多錢都是不違法的。

故事中的李遠菴，無疑是個恪守官箴的朝臣，除了領取該拿的薪俸外，可謂分毫不取，即使計及鄭澹泉所送的那雙「布鞋」，畢竟也非「錢財」，何況兩人的情誼在師生關係，若連學生想要送雙鞋子的好意也要拒絕，那就顯得太不近人情了。

反過來從鄭澹泉的舉止可見，正因為老師生平素不妄取分毫，作為得意門生是深知的，故在他將要送鞋給老師時，就顯得內心猶豫而畏縮不前，由此足可驗證上文中「常俸外不取一毫」的真實性，同時也呼應了文章最後的兩句話：

「生平受人物，僅此而已。」

第三課

防不勝防的劣根性

小人為姦／固難防也

包孝肅尹京，號為明察。有編民犯法，當杖脊。吏受賕，與之約曰：「今見尹，必付我責狀，汝第呼號自辨，我與汝分此罪。汝決杖，我亦決杖。」既而包引囚問畢，果付吏責杖。囚如吏言，分辨不已。吏大聲訶之，曰：「但受脊杖出去，何用多言！」包謂其市權，捽吏於庭，杖之七十；特寬囚罪，止從杖坐，以抑吏勢。不知乃為所賣，卒如素約。小人為姦，固難防也。孝肅天性峭嚴，未嘗有笑容，人謂「包希仁笑比黃河清」。

——宋、沈括《夢溪筆談》

好好解釋

包孝肅 即包拯，世稱包公者。北宋合肥人，字希仁，歷任監察御史、意圖閣直學士、樞密副使等職，死後諡號為孝肅。

尹京 此謂任京兆尹一職，實即指知開封府事。

編民 亦作編氓，指編列有戶籍之平民。

賕 賄賂。

責狀 猶謂判決書。

第 只管、只要。

決杖 判處杖刑。

市權 擅自賣弄職權。

捽 緊抓頭髮。

止從杖坐 只以杖刑的從坐犯處理。

素約 原先的約定。

教你看懂

包拯在任職開封府知府期間，外界都稱讚他的明察秋毫。某次碰上了一個列有戶籍的平民犯罪，按律應處以扙脊的刑罰。這時有個承辦官吏受了犯法者的賄賂，他就與犯者約定說：「等到見知府時，他必然將判決書交付我來執行，你只要一味呼冤自辨，我自然會與你分擔此罪。你若被處杖刑，那我也會如此。」隨後包拯傳訊這名囚犯，問畢口供後，果然交付那官吏要執行刑罰。於是犯者按照該官吏所教的，在堂上不停地爭辨；該官吏馬上大聲訶責他說：「你還是乖乖地出去受刑吧，何必這麼多廢話。」包拯看到這種情形，認為是該名下屬在賣弄職權，就命人抓住他的頭髮按在地上，打了七十大板；反而特別寬待原犯的罪，只以從坐犯來處理，其目的是要壓抑該官吏的仗勢。殊不知，這正好中了圈套而被他所愚弄出賣，最後的結果，完全符合了原先受賄時的約定。陰險的小人要作奸犯科，實在是難防啊！包拯這個人，天生的性格威嚴，平常未嘗見到他有笑容，大家都流傳著「要包拯笑就好比要黃河清」這樣的說法。

你要明白

談起包青天，社會上人人都知道他是一個清官與忠臣，民間傳說他能「日審陽間夜審陰」，意即憑他的精明幹練與明察秋毫，任何包括人、鬼兩途的複雜案件，都必然可得到公正的判決而確切地做到毋枉毋縱的地步。但事實果真如此嗎？這則故事便為我們提供了明顯的答案，其結果是否定的。然而這並不表示包公不是一個精幹的好官，問題是出在「小人為姦，固難防也」！因為任何精明的人，總難免會受到一時的矇蔽。

在清朝文壇上，有一則極為有名的故事，那就是詞人顧貞觀為營救其友人吳兆騫遭遣戍塞外的感人事跡。顧在一闋以詞代札的「金縷曲」中有謂：「魑魅搏人應見慣，總輸他覆雨翻雲手。」大概這兩句話，才是對本故事內容的最佳寫照吧。

鄭人為學／朝三暮四

鄭之鄙人學為蓋，三年藝成而大旱，蓋無所用，乃棄而為桔槔。又三年藝成而大雨，桔槔無所用，則又還為蓋焉。未幾而盜起，民盡改戎服，鮮有用蓋者，欲學為兵，則老矣。

——明、劉基《郁離子》

好好解釋

鄙人 鄉野無識之人。

蓋 障雨之具，在此即指傘。

桔槔 井上用作提水的吊杆。

戎服 軍裝。

教你看懂

鄭國有個鄉下人，最初學做雨傘，三年後手藝學成卻碰上大旱，雨傘根本沒有用，他於是放棄雨具這行業而改為學做吊杆，因為在乾旱季節，人們都需要吊杆來汲水。過了三年後他的吊杆手藝學成，老天爺又整天下著雨，結果吊杆又派不上用場，這個鄭國人只好重操舊業，再次製作雨傘。誰知就在他二度改業後才沒多久，社會上盜賊四起，老百姓為了滅匪及抗賊，紛紛改穿軍裝，極少人會使用到雨傘，這時他想要學當兵，可是人已經老了。

你要明白

從這則字數甚短的故事中，我們可獲得多方面的教訓與啟示，由於其內涵涉及到人們日常生活中，最容易常犯的錯誤，特別是在工商業高度發達的今天，對此加以討論，自有其現實上的意義。

首先要談到的，是時髦與跟風的問題，對許多事物而言，人們因缺乏自我主見而產生盲從，以致總是在潮流後而追趕而非領風氣之先，這種情形表現在某些新興產業方面，最為明顯，其結果是徒勞無功甚至適得其反，縱然差幸獲益，也屬微不足道，遠非原先所預期。

其次我們要知道，任何事業都必須要有相當的堅持心，不能朝三暮四，說變就變。一旦當你選定目標而全力以赴時，後續所需者，是信心與耐心，信心可抗拒意外之挫折所帶來的衝擊，耐心則能使原先之信念持久不墜。反之若缺乏了信心與耐心，則必然落入見異思遷與反覆不定的境地，故事中的那個鄭國人，無疑是犯了這項毛病。

最後要說的，則是有關前瞻性的問題，這涉及到一個人的「先見」或「前知」能力。尤其是在科技高度發展與產業快速變易的當下，如何為你的下一步事業先設計與佈局，就顯得至為重要。特別是在這個科技發達、訊息萬變的時代當中，如何判斷與發掘走在時代前端的產品，所考驗的便是你的前瞻能力。

衛人嫁女／都是這樣的人

衛人嫁其子而教之曰：「必私積聚。為人婦而出，常也；其成居，幸也。」其子因私積聚，其姑以為多私而出之。其子所以反者，倍其所以嫁。其父不自罪於教子非也，而自知其益富。今人臣之處官者，皆是類也。

——周、韓非《韓非子》

好好解釋

衛人嫁其子 衛，周朝所封諸侯的國名；子，在此指女兒。

成居 猶謂相安無事、白頭偕老。

所以反者 反，同返；所以反者謂「返家所帶回的財物」。

教你看懂

有個衛國人嫁女兒，出嫁前教導她女兒說：「一定要私下儲積財物。為人妻而被休棄，是常有的事；能做到相安無事與白頭偕老，就要靠運氣了。」女兒嫁出之後，果然私下積聚，她婆婆認為這媳婦私心過甚，就把她給休棄了。回到娘家所帶歸的財物，超過出嫁時嫁妝的倍數。她那父親不曾自己怪罪教導女兒教得不對，反而只知道自己現在更富有了。如今處身官職的一些臣子，都是這一類的人物。

你要明白

「韓非子」這三字，在此既是書名，也可說是人名，這在古今中外，都是極罕見的。雖然諸如《老子》只是對其人的尊稱，作為書名，並未道出其真實姓氏李耳。其實，韓非（姓韓名非）的原著本稱《韓子》，這正如《孟子》一書那樣，但到了宋朝時，因推崇韓愈為韓了，遂改《韓子》為《韓非子》，這時就有別於如《荀子》《列子》那樣的簡稱，而是連名帶姓，再援例加上「子」字以示尊稱。

其次我們要知道，《韓非子》是我國古代，闡述政治哲理最完整的一部經典之作，影響深遠，其部份內容，到如今仍可說歷久彌新。加上原作極富文學技巧，既使得其發揮之議論宏博雄偉，也讓所彰顯之哲理深邃流暢。

這則故事，其情節所涉及者，可說是常人之常情，是我們相當熟悉的東西。惟其如此，常人常情所易導致的錯誤，也就是我們平時要警惕注意的地方。原書雖是闡述政治哲理的，其聚焦仍在政治問題。事實上，韓非是藉故事為手段，而真正目的便在文末的兩句話：今人臣之處官者，皆是類也。區區十一字，淡然點出，戛然即止，這又是我們不得不佩服其行文技巧的地方。

王鍔散財貨／守財奴

王鍔累任大鎮，財貨山積。有舊客誠以積而能散之義。客負見鍔，鍔曰：「前所見教，誠如公言，已大散矣。」客曰：「請問其目。」鍔曰：「諸男各與萬貫，女婿各與千貫矣。」

——唐、李肇《國史補》

好好解釋

王鍔 唐朝太原人，字昆吾，歷任高顯，足諡惠。

大鎮 鎮為唐代的行政區域劃分法之一，每鎮統轄數州或十餘州不等，其最高長官稱為節度使；「累任大鎮」在此即指多次出任節度使一職。

貫 古時錢幣單位，千錢為一貫。

教你看懂

王鍔多次任職大鎮的節度使，長期來所累積的財貨如山。某天，有一位老朋友，就以「財富能累積舊能敗光」的道理來奉勸他。過了幾天，這位朋友再來看他，王鍔就對這位朋友說：「日前承蒙你指教，你講的話實在很有道理，我已經大大的散財了。」於是這人就問說：「你可否告訴我詳細的情形與散財的數目？」王鍔答說：「每個兒子我各給他們萬貫錢，每一個女婿也都各自分得了千貫錢。」

你要明白

這是記載於《過史補，卷中》的一則小故事，乍看之下，似乎是一個純粹戲謔性的笑話，但若是細細想來，它其實飽含著諸多的人生哲理與世故人情。

錢財人人都愛，但必須取之有道，而處理財富有一定的方式。大凡一個想賺、能賺而最後又確實賺得大把鈔票的人，倘若其中間過程既合乎情、理、法，且又屬於長期努力經營所致，那麼這樣的人心中必定磊落光明自有其主見；換句話說，他畢生孜孜矻矻、努力不懈，賺錢只是他的方法與手段，其背後必然有長遠的目標與終極的理想。

看看古今以來那些成功的企業主或慈善家，他們大多篳路襤褸、白手興家，等到事業有成之後，又念念不忘將其財富回饋社會，或賑災，或興學，或成立以造福人群為宗旨的種種社團或基金會等，其目的無非是取之社會用之社會這樣的初衷。就如同世界各國的富商們，諸如比爾．蓋茲、巴菲特等人，紛紛捐出大部分的財富用來投入全球公益事業，造福人群。

但畢竟「人心不同，各如其面」，而像比爾．蓋茲這樣的人物，畢竟是少數。這與我們故事中的主角王鍔，形成鮮明的對照，比爾．蓋茲僅留給子女少量的財富，但王鍔卻分給他的兒子們萬貫家財，分給女兒女婿們千貫財富，兩相對照，令人唏噓。雖然說「肥水不落外人田」屬人情之常，但以兼善與博愛的觀點而論，這則故事毋寧說是標準的人性之私。

再說錢之所以稱之為「通貨（current money）」者，就是指其進出流通的特性。常常看到有些人終其一生，努力積聚財富，卻吝於消費，這跟所謂的「守財奴」有何差別？還記得有一則新聞說，一個素稱貧困的孤獨流浪漢，某天因故身亡，有關單位在替他善後時，發現他生前銀行存款竟高達數百萬元，真是教人「拍案驚奇」！雖然，財物的累積不易，而社會風氣總以覺人要崇尚勤、儉，所謂「物暢其用，貨暢其流」，但過猶不及，總歸不妥。

齊人攫金／為財迷心竅

昔齊人有欲金者，清旦衣冠而之市，適鬻金者之所，因攫其金而去。吏捕得之，問曰：「人皆在焉，子攫人之金何？」對曰：「取金之時，不見人，徒見金。」

——東周、列御寇《列子》

好好解釋

清旦 大清早。

衣冠 衣服與帽子，原係名詞，本處作狀語使用，指穿戴整齊。

之市 往赴集市之處。

適 來到。

攫 抓取。

教你看懂

從前齊國有個人，非常喜愛金子，某天一大清早，便穿戴整齊地奔赴集市，來到賣金子的所在，並且抓了金子就跑。後來捕役將他捉住了，問他說：「大白天那麼多人在那裡，你為何抓走別人的金子呢？」他回答說：「當我拿取金子的時候，眼中沒有看到別人，只看見金子。」

你要明白

人在以不正當的手段或方法，去佔有一樣東西時，其心目中的想法，就脫離了正確的思維，也蒙蔽了固有的良知，種種的巧取豪奪，包括了作奸犯科，無不逾越了「情、理、法」所允許的正當範圍，故事中的齊人，顯然就是一個例子。這個故事正好說明了人們在財迷心竅、利令智昏的情形下，所可能做出大悖於常情的愚蠢之事與犯罪之舉。

茌平令／負德忘恩

山左候補縣某，聽鼓多年，偶補茌平。其人性純謹，慷慨好施，與凡親戚故舊，有所求，無不滿其願以去。由是，遠近趨之若鶩。有弟某，家貧無以為生，仰食於兄。兄為之納資為縣丞，又游揚於司道之間，保升知縣，最為所親信，由知縣而知府焉。兄在任日久，虧空甚巨，忽奉查抄之命，監追繫獄，以為其弟必為之斡旋也。時時盼望不至。一日晨興，弟攜洋藥貿貿然來，相問而哭，不交一語以去。招之，掉頭不顧。兄長歎累日，仰藥而亡。嗚呼！弟之官，皆由兄之力也；兄之命，送於弟之手也。人心若此，時事尚堪問哉！

——清、杜鄉《野叟閒譚》

好好解釋

山左 即山東省；因其在太平山之東或左方，故稱山東，又稱山左。

聽鼓 在此猶謂「需次」，乃指依次候補官職。

茌平 縣名，清代屬山東省東昌府。

與凡 與通舉，與凡即舉凡。

縣丞 官職名，主管文書及倉獄，為縣令的輔佐之官。

游揚 各處去讚美，使聲名遠聞。

司道 在此泛指州府中的高級長官，如藩司、臬司與道台等。

晨興 早上起來。

洋藥 即鴉片。

時事 在此猶言世道，借喻當時的社會風氣。

教你看懂

山東省有位候補縣令，在等候了多年之後，偶然中補得了茌平縣知縣一職。他為人秉性純厚，且慷慨好施，舉凡是親朋故舊，只要是提出了要求，他都會讓對方滿意而歸；因此，遠近各方來找他幫忙的人，可說是趨之若鶩。這位知縣有個家境很窮的弟弟，由於無力為生，衣食全都仰賴哥哥。他不但先花錢為弟弟捐了個縣丞的官職，隨後又在各長官面前，極力為弟弟說好話，進而保升為知縣，這個弟弟可說是他最親近信賴的人，沒多久，他弟弟很快又由知縣升任知府了。這位哥哥任職愈來愈久，但因太過樂善好施，使得他在任內的虧空非常大，某次忽然有上面的官員奉命來查抄，結果將他關入監獄中，他一心以為，弟弟會在外面為他處理好這件事，誰知每日盼望著，他弟弟就是不現身。直到有一天起床後，他弟弟才貿貿然帶著一包鴉片煙來到獄中，問了幾句話，哥哥忍不住哭了，但弟弟卻不發一語就要走人，想招呼他稍微停留一下，他卻頭也不回便離去了。這位哥哥感到十分難過，足足歎了一天的氣，最後就吞食了那包鴉片自殺了。真是可悲呀！弟弟能得官位，都是靠哥哥的力量；但哥哥的那條命，卻斷送在弟弟的手中。人心壞到這種地步，社會上的風氣還會好嗎？

你要明白

善惡因果與感恩圖報，理當是人們處世的兩大重要認知。隨著年歲的增加與智慧的成長，每個人都能深深體會到「為善最樂，歹路莫行」的道理，如此才能使自己心安理得而確保平安；同樣地，「吃人一口，還人一斗」，如此才能使社會更為健康與和諧。但是很不幸，本故事中的情節，恰好與上述二者背道而馳，難怪原作者在文末要有所慨歎，我們今日讀來，也不能不為之嘆息。

世事有進退，人情尚往來，對待是互相的，亦即為雙向的，即使是父母對子女的無私之愛，人們依然要求父慈子孝，同理對於手足之間，則希望是兄友弟恭。政治語言中有謂「兄弟登山，各自努力」，那是站在政治競爭的立場上，在不損及自己時所鼓勵對方的話，雖然這不如兄弟同心那麼理想，但至少要比兄弟鬩牆強太多也。反觀故事中的那個弟弟，如此地負德忘恩與絕情寡義，則又等而下之了。

對那弟弟尤其不可原諒的是，他竟然帶著一包鴉片去獄中探視兄長，故事中雖未挑明，但由哥哥的自殺顯示，弟弟的舉動是懷有陰謀的，換言之，以今日的法律來說，他犯了蓄意致人於死的罪。如此說來，則除了負德忘恩與絕情寡義之外，那弟弟也無法見容於天理國法。

由此可見，任何事情都難以一概而論，所謂「打死不離親兄弟」，對照本故事，卻成了極端的諷刺。

錯上錯／人在人情在

獻縣一令，待吏役至有恩。歿後，眷屬尚在署，吏役無一存問者。強呼數人至，皆猙獰相向，非復昔時。夫人憤恚，慟哭柩前，倦而假寐。恍惚見令語曰：「此輩無良，是其本分。吾望其感德已大誤，汝責其負德，不又誤乎？」霍然忽醒，遂無復怨尤。

——清、紀昀《姑妄聽之》

好好解釋

一令 一位縣令。

吏役 泛指屬下的各官吏及侍役人等。

存問 善意的探視慰問。

憤恚 忿怒怨恨。

慟哭 哀痛過度地大哭。

教你看懂

在河北獻縣有一位縣長，平常對待下屬非常好，可說是恩義備至。誰知就在他剛一過世，眷屬尚留居在官署時，這批屬下竟沒有一個人來對喪家稍加慰問。等到勉強叫來數人時，他們都是一付面目猙獰的樣子，對待方式已非縣長生前時的情景。縣長夫人為此感到忿怒怨恨，悲痛地在縣長的靈柩前大哭，哭著哭著在疲倦中睡去。就在睡夢時，恍惚聽見縣長對她說：「這班人的無情無義，原本就是他們的劣根性。我平常對他們好，是希望以德來感化他們，結果發現這樣做已經是大錯，你如今還冀求以負德兩字來責備他們，豈不是錯上加錯了嗎？」忽然間夢醒過來，之後縣長夫人便不再有所怨尤了。

你要明白

偶爾會聽到長輩感嘆說：「人在人情在，人去人情空。」拿這兩句話來印證本故事中的情節，似乎是再恰當不過了，只是這裡的人情未免「空」得太快，倒像是有「翻臉如翻書」的味道在。云云眾生之中，自不免良莠不齊，大抵厚道者少，勢利者多，在今日社會應該算是很普遍的現象，而官場之中的人情冷暖尤其嚴重。所謂「世情薄，人情惡」，飽經世故者，對此或能釋懷，因為他早已見怪不怪了，但如故事中的縣長夫人，驟變之下，難免就會「憤恚慟哭」起來。原作者藉著已故縣長的託夢之語，其實就是用來對勢利小人的譴責之辭。

豈可以示天下／華而不實

公孫弘起家徒步，為丞相，故人高賀從之。弘食以脫粟飯，覆以布被。賀怨曰：「何用故人富貴為？脫粟布被，我自有之。」弘大慚。賀告人曰：「公孫弘內服貂蟬，外衣麻枲；內廚五鼎，外膳一肴；豈可以示天下。」於是朝廷疑其矯焉。弘嘆曰：「寧逢惡賓，無逢故人。」

——晉、葛洪《西京雜記》

好好解釋

公孫弘 漢朝薛（今山東境內）人，字季齊，少為獄吏，後受武帝寵信，累遷丞相，封平津侯。性外寬內深，陽善陰惡。

起家徒步 喻出身於布衣。

脫粟飯 糙米飯。

貂蟬 原指高官大臣的冠飾品，在此借喻華貴的衣服。

麻枲 一作枲麻，謂粗麻製品。

五鼎 古代豪貴人家，有謂列鼎而食，在此喻飲宴豐盛。

教你看懂

公孫弘出身平民，後來做到宰相的高位，老友高賀一直跟隨著他。但在公孫弘身為宰相後，給高賀吃的是糙米飯，蓋的是布棉被。高賀於是抱怨說：「老朋友富貴了又有什麼用？糙米飯與布棉被，我自己就有。」聽到這話，公孫弘大感慚愧。高賀又告知他人說：「公孫弘內穿華貴的衣料，外面罩上粗布；家裡私底下飲宴豐盛，面對外人時用餐只有一道菜；身為宰相，豈可用這樣的行為，來做天下的表率呢？」慢慢地，朝廷就懷疑起公孫弘的為人矯情了。於是，公孫弘感嘆的說：「我寧願碰到不好伺候的惡客人，也不希望遇見像高賀這樣的老朋友。」

你要明白

本故事中的兩人，誼屬老友，見諸載籍，遂落話柄。用各打五十大板的判例來說，可謂彼此俱非，一者是貴而忘舊，刻薄寡恩，另者為挾怨報復，殊失厚道。大凡人之相處，原以不忮、不求、不怨、不瞋為原則，唯其不忮不求，始得無怨無瞋，高賀之流，未及語此。

只不過朋友的流品複雜，所以擇友宜慎，同樣出現在《論語》中，便有「益者三友，損者三友」之謂，這在今日的社會中，尤其對少不更事的年青人來說，是極為重要的。

除卻故友交惡之外，本故事其實談到另一個更重要的問題，那就是為人不可矯作過份。身為丞相的公孫弘，「內服貂蟬，外衣麻枲；內廚五鼎，外膳一肴」，標準的表裡不一，欺騙世人，如此人物，怎可當國而以示天下呢？難怪朝廷會對他生疑。至於他後來因此而發出的感嘆，其實要責怪的是他自己，不自反省而一味地抱怨別人落井下石，只不過是做人失敗的託詞而已。

寧人負我／無我負人

「寧我負人，無人負我」，此曹操由中之言也。沮渠羅仇，盧水胡人也，與其兄麴粥事呂光，光征河南，大敗，麴粥勸羅仇反攻之，仇曰：「理如汝言，但吾家累世忠孝，寧人負我，無我負人。」遂為光所殺。羅仇之言，可謂君子，世之小人，益以操言為信。

——宋、朱翌《猗覺寮雜記》

好好解釋

由中 即由衷。

沮渠羅仇 沮渠，複姓，沮渠氏本胡人，其先祖為匈奴官，號沮渠，因氏焉；沮渠羅仇，人名，事不詳。

盧水 即盧江，郡名，位今安徽省境內。

呂光 略陽（舊縣名，位今甘肅省境內）人，字世明，初事苻堅，堅死後自為宵州牧，為後宵始祖，在位十三年。

累世 猶謂世世代代。

教你看懂

「寧可我對不起別人，也不要別人對不起我」，這是曹操發自內心深處的話。有一個名叫沮渠羅仇的人，先祖為匈奴族，後來居住在盧水郡，他與哥哥沮渠麴粥共同在呂光手下做事，當呂光在征伐河南而大敗時，麴粥曾勸他弟弟反攻呂光，但羅仇卻說：「道理固然如你所說，不過我們家世世代代都是講求忠孝的，寧可別人對不起我，也不願自己對不起別人。」後來，羅仇竟被呂光所殺了。從羅仇的所言來說，他可算得上是一個君子，但因為他的下場，這會使得世界上的小人，更加認為曹操的話才是對的。

你要明白

《三國志．魏書》中所載的「寧我負人，無人負我」這八個字，自始以來就被人們賦予甚重的貶義，這是因為它會深化一個人的「有我無他」的思維，套

句臺語來說，它的確會「教壞囝囡大細」。正是因為此種緣故，所以曹操在歷史上所留下的罵名，千古至今，從未停歇。

與前一思維反其道的，正是故事中沮渠羅仇所說的「寧人負我，無我負人」，由於在措詞結構中的人、我兩字互易其位，而曹操又是一名奸臣，故原作者認為這是一種君子之言。但讓人十分遺憾的是，羅仇最後還是被殺了，這無疑形成了一種反諷，致使待人之道，產生了混淆與錯亂，故事的主旨，便是就此問題，為世人提供了一個新的思考方向。

然而我們果真就要因此而改變既有的價值觀嗎？當然不是。畢竟這只是單一事件，自然不能以偏概全，發生在大自然中的林林總總，難免有其偶然性，我們絕不能僅憑某一個特例而錯加解釋，以致喪失了該有的普遍性原則。事實上，文末的「世之小人，益以操言為信」，已經為我們指點了迷津，換句話說，唯有小人之輩，才會從羅仇被殺一事而誤認為曹操所說的是對的。

潔疾／人太自私，天誅地滅

暢純父有潔疾。與人飲，必欲至盡，以巾拭爵，乾而後授之，則喜；自飲亦然。食物多自手製，水唯飲前桶；薪必以尺；蔥必以寸。一日，劉時中與文子方同過，值其濯足。

暢聞二人至，輟洗而迎，曰：「適有佳味，可供佳客。」遂於臥內取四大桃置案上，以二桃洗於濯足水中，持啖二人。子方與時中云：「公洗者公自享，勿以二桃汚三士也。」因於案上各取一顆，大笑而去。

——明、馮夢龍《古今談概》

好好解釋

潔疾 猶謂潔癖。

至盡 清潔到極點。

同過 一同造訪。

濯足 洗腳。

佳味 好吃的東西。

持啖二人 拿來給二人吃。

二桃污三士 挪用「二桃殺三士（見《晏子春秋・諫下》篇）」的典故，但這裡故意改「殺」字為「污」字，以表嘲諷。

教你看懂

暢純父這個人，有很重的潔癖。與人飲宴時，對清潔的要求，可說到了極點，酒杯要以濕巾擦拭，還得水氣乾後給他使用，這樣他才會稱心滿意；他自己喝酒時，也是如此。他吃的食物，多為親手自製；所飲的水，只用上半桶沒有任何混濁沉澱的部分；所用的柴，砍劈得整整齊齊，根根都長約一尺；所吃的蔥也都切得每根長約一寸。

有一天，他的朋友劉時中與文子方一同來探望他，碰上他正在洗腳。聽到說這兩位客人上門，暢純父馬上停止了洗腳，起身歡迎說：「正巧有好吃的東西，可用來招待嘉賓。」於是進入臥室內取出了四顆大桃子，放置在桌子上，然後將其中兩顆放在先前的洗腳水中洗了洗，就拿來給客人吃。看到這種情形，這兩位朋友就對他說：「您洗的還是留給您自己享用吧，不要用這兩顆桃子污損了我們三個人。」說完便在桌上各取一顆，大笑出門而去。

你要明白

人是很奇怪的，奇怪的是在其個人的心理思維中，往往會對具有客觀標準的同一事物，為了種種的原因，而作出不同的區別式處理或選擇性認定，探究其心底層面，要仔細分析何以會如此的理由，是頗為複雜的，但若要用一句話來概括之，無非就是一個「私」字便可獲得解答。

基於人情之常，「自私」確實是難免的，故俗諺有道是「人不自私，天誅地滅」，只不過話還沒有說完，接下來的另兩句為「人太自私，天誅地滅」。精於文字語法者都知道，前兩句雖然也是就事論事，但基本上，這是一種表示讓步語意的使用法，整段話所要強調的重點在後面，更精準而言，就是在說明「太自私」這三個字的不可取。

這則故事便敘述了一個「太自私」的人物暢純父，從他待己與對人的兩極化做法，不難想見他自私到了何等嚴重的地步。講究清潔衛生，原本是好事一椿，但一旦過份成癖，便已然不甚「健康」的了，縱然不算是病態，至少也有違中庸之道。而更為突兀以致令人不齒的是，他對別人的飲食衛生全然不顧，甚至待之以極度骯髒的方式，如此強烈的反差與對比，完全揭露了這個人的嚴重人格偏差，他外表上的「潔」，絕對無法掩蓋其內心深處的「髒」。

富者揖丐／江湖險，莫如人心險

有富者揖一丐曰：「幼別尊叔二十年，何以在此？」引歸，沐浴更衣，以叔事之。丐者亦因以為然。久之，同買疋帛數十端，曰：「叔留此，我歸請償其直。」

店翁訝其不來，挾丐者物色之，至其所，則其人往矣。

——宋、陳世宗《隨隱漫錄》

好好解釋

揖 拱手為禮，表客氣、辭讓等意。

引歸 帶領回家。

端 在此表度量單位，計算布帛之長度時，一說：「倍丈謂之端」，另說「一丈六尺日端」。

直 通值。

物色 本指形狀、容貌，引伸為尋求、訪覓等意。

往 在此解作「死去」。

教你看懂

有這麼一天，一名富者在路上，客氣地面對一個乞丐施禮說：「小時與叔叔您分別後，算來已有二十年了，您怎麼會流落在此呢？」說完就將他帶回家中，幫他修飾打理一切，並以叔禮相待。該乞丐也就順其自然，覺得沒有什麼好奇怪的。久而久之後，某天兩人一同出去買布，在布店內挑好了幾十端的上等貨，這名富者就說：「叔叔暫在這裡坐一回兒，我先將布拿回家去，馬上就帶錢來付帳。」店主人等了好久，一直不見有人回來付款，驚訝之下，便挾持著那位「叔叔」上門追討，誰知來到原先的住家時，所謂的「富者」早已逃之夭夭了。

你要明白

原作者使用簡潔的文字與平淡的語氣，為我們描述了一場處心積慮的騙局。由於原文的平鋪直敘，輕描淡寫，且無片言隻字以議論，故在情節上乍看起來似乎少了些什麼，但實則不然。試觀那個三餐不繼的乞丐，突遇「貴人」而處身優渥中，其內心世界的變化，文章中不著一辭，等到淪為人質而遭挾持，接下來的發展與結果將會如何呢？故事卻在此戛然而止；所有這一切，都留給讀者無限的想像空間；如果說故事中那騙子的「佈局」已夠精巧，那麼寫故事人的「謀篇」可謂更為成功。

就常情來說，奸徒行騙詐財的對象，理應是巨賈富商之類的有錢人，不可能去向一個乞丐下手，但有道是「戲法人人會變，各有巧妙不同」，騙徒在這理的手法翻空出奇，他顯然是以該乞丐當作「工具、釣餌、人質」來使用，而詐財謀利的終極目標則一以貫之。只不過，騙徒為了圓滿完成整個騙局，既不惜屈身以叔禮相待，且不吝嗇耗資供給乞丐衣食一段時間，直到一切看來天衣無縫，最後才露出真面目，用心之險，機詐之深，令人防不勝防，而店主與乞丐，兩受其害，故世有「江湖險，莫如人心險」的說法，唐朝的詩人白居易，也有詩曰：「天可度，地可量，唯有人心不可防。」說的就是這個。

直躬者／矯情悖理

楚有直者，其父竊羊而謁之上。上執而誅之，直躬者請代之。將誅矣，告吏曰：「父竊羊而謁之，不亦信乎？父誅而代之，不亦孝乎？信且孝而誅之，國將有不誅者乎？」荊王聞之，乃不誅也。孔子之曰：「異哉宜躬之為信也！一父而再取名焉。」故宜躬之信，不若無信。

——秦．呂不韋《呂氏春秋》

好好解釋

直躬　直者，正也；躬者，身也；以正道持身之人，謂之直躬（者）。

謁　面告，告發。

上　此處指官府。

荊王　指楚王。

異哉　異乎常情之辭，帶有強烈質疑的語氣。

教你看懂

楚國有個持身正直之人．某次他父親偷了人家的羊，他便向官府告發了這件事。官府於是拘捕了他的父親，並要處以死刑，這時他又向官府提出要求，說願意代父親受死。等到快要行刑的時刻，他卻對執法的官吏說：「父親偷了羊我去舉發，這不表明我是一個誠信的人嗎？父親判刑而我又請求代死，這不顯示我是一個孝順的人嗎？誠信而孝順的人都要被砍頭，那這國家還有誰不應被殺呢？」楚王聽到這些話，就下令赦免他。

不過，孔子知道了整個事件後，便說：「一個被認為持身正直的人，他所謂的誠信竟然就是這樣，豈不怪哉！其實，他只不過是利用父親的一件事，兩次盜取虛名罷了。」所以，像這樣直躬者的所謂誠信，還不如不要。

你要明白

舉凡是人，皆有常情，只要是事，也都有常理。因此，發生在我們週遭的人、事、物，若均在情理之中，則謂之為宜，也必然為大家所認同。反之，便是背理違情，至少也算是矯情，而在芸芸眾生中，總不時有少數人，老愛做一些矯情悖理之事，文章中的「直躬者」，便屬一例。

在《論語。子路》篇中，孔子曾說過：「吾黨之直者，異於是父為子隱，子為父隱，直在其中也。」這裡的「直」，是孔子心目中所認定的「正直」或「直道」；而「異於是」這三字，正就是孔子用以批評及非議故事中的那個楚國人；這是因為孔子覺得，「父為子隱，子為父隱」乃出於骨肉天性之情，順乎自然之理，當然也就合乎直道原則。

換言之，《呂氏春秋》中所載的那個楚國人，本質上是個欺世盜名的偽君子，但字面上意冠以「直躬者」，其實就是一種尖銳的諷刺，再加上孔子對其人其事的質疑與批駁，最後歸結為像這樣的假信假孝，我們寧可不要。而進一步對此加以說明的，則是《論語》中的那段話，因為這才合於人情 事理與直道。

講學者／道貌岸然

有講學者，性乖僻，好以苛禮繩生徒，生徒苦之，然其人頗負端方名，不能詆其非也。塾後有小圃，一夕散步月下，見花間隱隱有人影，時積雨初晴，土垣微圮，疑為鄰里竊蔬者。迫而詰之，則一麗人匿樹後，跪答曰：「身是狐女，畏公正人，不敢近，故夜來折花，不虞為公所見，乞曲恕。」言詞柔婉，顧盼間百媚俱生。講學者惑之，挑與語，宛轉相就，且云：「妾能隱形，往來無跡，即有人在側，亦不睹，不致為生徒知也。」因相燕昵。比天欲曉，講學者促之行，曰：「外有人聲，我自能從窗隙去，公無慮。」俄曉日滿窗，執經者麇至，女仍垂帳偃臥，講學者心搖搖然，尚冀人不見。忽外言：「某媼來迓女。」女披衣逕出，坐皋比上，理鬢訖，斂衽謝曰：「未攜妝具，且歸梳沐，暇日再來訪，索昨夕纏頭錦耳。」乃里中新來角妓，諸生徒賄使為此也。講學者大沮，生徒課畢歸早餐，已自負衣裝遁矣。外有餘必中不足，豈不信乎！

——清、紀昀《姑妄聽之》

好好解釋

講學者 以固守道學規範而自命清高的人。

繩 在此指約束、衡量的意思。

積雨 久雨。

垣 矮牆。

圮 倒塌。

燕昵 男女間的親密歡愛。

執經者 手持經書的人，在此借喻學生們。

麇至 成群而來。

教你看懂

有個道學先生，性情乖僻，喜歡用苛刻的禮法來約束學生，學生們深感苦惱，然因此人頗有些方正的名氣，所以平常也找不出其毛病來反擊他。

在教書房的後面有座小花園，某晚他來此月下散步，見花木間隱約有個人影，當時久雨初晴，矮土牆稍有倒塌，所以他懷疑是鄰人來偷菜。等到他走近去盤問時，發現是一名漂亮的女人藏身在樹後，她跪在地上說：「我是狐女，害怕您這個君子，不敢靠近，所以晚上才來折花，想不到被您碰見，請您特加寬恕。」言詞溫柔委婉，舉止百媚俱生。道學先生為此深深著迷，便用言語來挑逗她，她也宛轉地相就，並說：「我會隱身法，往來不露痕跡，即使有人在我身旁，也無法看見，所以學生們不會知道。」於是兩人就相互親熱起來。

等到天快亮時，道學生先催她離開，她回說：「外面要是有了人聲，我自會從窗縫中溜走，您不必過慮。」不一會兒，窗戶上遍是陽光，手持經書的學生們成群而來，那女子卻仍在帳幔內高臥不起，這可讓道學先生感到忐忑不安，但仍寄望於別人看不見她。忽然間外面有人說：「有位老婦人來接她的女兒回去。」於是那女子披衣起身，就逕自走了出來，然後坐在講席上整理了一下鬢角，接著對道學先生行禮致謝說：「沒有帶梳妝用具來，我只好回去後再梳洗，有空再來拜訪，討取昨晚的過夜錢。」原來她是坊間新來的藝妓，被那些學生用錢買通她這樣做的。到了這時，那道學先生大為沮喪，乘著學生們上完課回家去吃早餐，他隨即背起行李逃之夭夭了。外表上冠冕堂皇的裝模作樣，其內心

必然有所不足，這話教我們不得不信。

你要明白

《論語．公治長》中引述孔子的話說：「始吾於人也，聽其言而信其行。今吾於人也，聽其言而觀其行。」這是大家所熟知的名言，其所指則是在強調一個人的言行必須一致。正由於在人的言行，未必都能一致，而觀其行便成為一項驗證。

在手捧經書、身穿長袍的舊時代中，有些道貌岸然的講學家，滿口仁義道德，動輒訓斥別人，唯一旦反求諸己時，卻全然不是那麼一回事，正所謂表裡不一、面目可憎，在我們故事中所描述的，就是這麼一個例子，而且在紀大才子的如椽之筆下，全文益發顯得幽默有趣與流暢生動。

第四課

多一點思考會更好

知人不易／人心難測

孔子窮乎陳、蔡之間，藜羹不斟，七日不嘗粒。晝寢，顏回索米，得而爨之，幾熟，孔子望見顏回攫其甑中而食之。選間，食熟，謁孔子而進食，孔子佯為不見之。孔子起，曰：「今者夢見先君，食潔而後饋。」顏回對曰：「不可。嚮者煤炱入甑中，棄食不祥，回攫而飯之。」孔子嘆曰：「所信者目也，而目猶不可信；所恃者心也，而心猶不足恃。弟子記之，知人固不易矣。」

——秦、呂不韋《呂氏春秋》

好好解釋

陳、蔡 春秋期間的陳國與蔡國，著名的「孔子絕糧」故事，就發生在他和學生由陳往蔡的途中。

藜羹 野菜與羹湯，此處借喻飲食。

爨 生火煮飯。

攫 用手抓。

甑 炊具名。

選間 須臾之間。

先君 已過世的父親。

饋 這裡指祭拜時送上食物。

炱 燃燒時凝聚的黑塵。

教你看懂

孔子及其學生，在春秋時的陳國與蔡國間，曾被人所圍困而斷糧，七日沒有吃到米飯，連野菜湯都很難喝得上。某一天，孔子餓得白晝躺在床上睡覺，顏回出去討到些米，煮到快熟時，孔子瞧見顏回從鍋中抓了一把飯吃。過會兒，飯熟了，顏回來請孔子吃飯時，孔子假裝沒看到剛才的事，不過卻起身說：「我剛才夢見死去的父親，這飯很乾淨，我想先來祭拜他老人家一下。」顏回忙著回答說：「不行，剛才有些煤煙掉落到鍋裡，飯有些髒，我想棄之可惜，所以就抓起來吃掉了。」聽了這話，孔子不禁嘆說：「一個人所相信的，是自己眼睛所看見的，可是親眼所見的事情，卻未必可信；一個人所依恃的，是自己對事物的信心，然而這種信心，有時也不可靠。弟子們可要牢記著：了解一個人，確實不容易呀！」

你要明白

幾乎沒有人不知道，在孔子的諸門生中，顏回是個品行高潔，且最受老師賞識的得意弟子；所以在顏回早逝之後，孔子為之痛心不已，《論語．先進》篇中引孔子的話說：「噫！天喪予！天喪予！」愛深痛切之心，溢於言表。

以這麼一位弟子，照說在其生前，孔子對他人品肯定的信心，理該不至於動搖，但這個故事卻清楚地告訴了我們，至聖先師的孔子，也曾對復聖顏回的行事有過懷疑。所謂「人心隔肚皮」，別人如何看我們，我們很難知道，反之我

們對別人的想法，自己總以為是對的，其實是大有問題的，故而有了「小人之心」對「君子之腹」一說，歸根究柢，問題的要點就在於「知人不易」。

說到這裡，讓筆者想起了白居易的「放言五首」，其中有謂：「周公恐懼流言日（一作後），王莽謙恭未篡（一作下士）時，向使當初身便死，一生真偽復誰知？」詩意簡明，兩相對比，藉周公之握髮吐哺而為流言所困，與王莽表面上禮賢下士而私心篡漢，當斯際乃忠奸莫辨，惟到頭則涇渭分明。換句話說，白居易既有感慨，亦有慶幸，前者固不必論，慶幸的是：還好奸臣沒有在陰謀暴露之前死去，否則歷史上還誤認王莽是個謙恭下室的賢相；同樣對周公而言，後來的事實也為他洗刷了心懷不軌的流言。

一則故事一首詩，都說明了知人不易與察人宜久的道理，這是因為事物會變，而人心難測，所謂「蓋棺論定」，就是在強調一個人的終極評價，必須等他生命結束之後才得以確知，更何況有些爭議性問題乃至歷史真相，即使蓋棺，也難論定！

敝衣猶愛惜若此／察人於微

靈洪文襄公承疇被擒時，太宗命范文肅公往說。文襄謾罵不已，文肅善言撫之。因與談論今古事，適梁間積塵落文襄襟袖，文襄屢拂拭之，文肅遽辭歸，奏太宗曰：「承疇不死矣，其敝衣猶愛惜若此，況其身耶！」

——清、徐珂《清稗類鈔》

好好解釋

洪承疇 福建南安人，字亨九，明萬曆進士，崇禎末年，官薊遼總督，與清兵戰於松山，兵敗降清，後隨多爾袞入關，康熙初致仕，卒諡文襄。

太宗 即清太宗皇太極，為滿清開國者清太祖（姓愛新覺羅，名努爾哈赤）的第八子。

范文程 瀋陽人，為清初替滿人策劃大計而貢獻最高的漢人之一，卒諡文肅，康熙親自為他撰書祭文。

教你看懂

當洪承疇兵敗被擒之後，某次清太宗差遣范文成去勸降。在監禁裡，洪承疇面對范文程痛罵清人，范文成只得用好話來安撫他。循著話題，兩人說到了一些古往今來的事情，就在這時，碰巧屋樑上有些積存的灰塵，掉落到洪承疇的衣服上，他便不停地將灰塵拂拭到地面去。看到這種情形，范文程立即回去，面奏清太宗說：「洪承疇肯定不會（絕食而）死，他對一件破舊的衣服尚且這般愛惜，何況是自己寶貴的生命！」

你要明白

在改朝換代的明末清初之際，有兩個關鍵性的重要人物，那就是吳三桂與洪承疇。前者的形象當然是負面的，世人早有定論；而後者在歷史的評斷中，則有著許多爭議之處，這是因為發生在洪承疇的身上，有些傳奇性的故事，以及外界難以盡知的曲折。

按照歷史的記載，洪承疇於松山之役兵敗之後被俘，遭到清軍壓解至盛京時，先是以死自誓，絕食數日，精神逐漸萎靡，清太宗百計勸降，他始終不聽。另一方面，在兵敗之初，警報傳至明朝的京師，大家都說洪承疇已死，明思宗聽了之後大為震驚，擇期賜祭九壇；誰知道當儀式正在進行，才祭到第九壇時，洪承疇投降的消息傳來，其場面得尷尬可想而知。然而因為洪承疇在明末時期久負盛譽，沒有什麼值得詬病的事端，所以一旦變節，大部分的人都十分存疑。

不過，最後的事實卻證明，洪承疇畢竟是真的投降了。後續的發展，則是洪於順治元年入關，為內院大學士，經略江南諸省，反抗清廷者都被他給平定，之後又出謀劃策，再度平定了楚粵滇黔各省。倘若當時洪承疇果真絕食而死，清朝初年的態勢，恐怕又是另一番局面了。

當然，我們無意在此再去研判已屬不可能的事情，亦無意對所謂「忠君」或「變節」的價值觀，作出21世紀的現實評論。但原故事卻明白地告訴了世人兩件事，那就是「為人惜命」與「察人於微」，理應屬於古今中外的通則。惟有當我們對此二事了然於胸後，才不致在處己待人的行為中，有失分寸或產生誤判，更不會再動輒被某些「發誓要死」的謊言，欺騙或被害。

楚人有兩妻／此一時，彼一時也

楚人有兩妻者，人誂其長者，長者詈之；誂其少者，少者許之。居無幾何，有兩妻者死。客謂誂者曰：「汝取長者乎？少者乎？」「取長者。」客曰：「長者詈汝，少者和汝，汝何為取長者？」曰：「居彼人之所，則欲其許我也；今為我妻，則欲其為我詈人也。」

——漢、劉向《戰國策》

好好解釋

誂 調戲引誘之意。

詈 罵或責備的意思。

讓 責罵為讓，俗作嚷；在此猶謂罵俏。

居無幾何 過沒多久。

教你看懂

楚國有位人士，娶了兩個老婆。有一個人，來調戲他大老婆時，那大老婆把這人痛罵了一頓；但在調戲他的小老婆後，兩人就勾搭上了。過了沒多久，娶有兩個老婆的楚國人死了。這時就有人來問那個調戲者說：「如今楚國人死了，你是想娶他的大老婆呢？還是要娶小老婆？」調戲者回答說：「娶大老婆。」問他的人說：「當初大老婆曾痛罵你，而小老婆卻曾跟你兩相好，你為何要選大老婆呢？」調戲者說：「當她生活在別人家裡時，我就希望她能跟我相好；但如今成了我妻子的話，則當然希望她為我痛罵那些調戲她的人。」

你要明白

表面上看來，這個故事似乎有點像一則笑話，但若從深層來說，其所指確實難免觸動我們的心弦，尤其是在世風日下與情色氾濫的今天，越發值得我們多加深思與警惕。首先我們知道，任何一件事物，即使涉及到是非，不同的人往往有不同的看法，又縱然是同一個人，他在不同的時空所處，也可能會有絕異的論斷，這是觀點與角度的問題。誠然，觀點與角度，它非但是有形的幾何學或物理學裡面的東西，且更屬於無形的心理學要素。試看故事中的調戲者，對那位小老婆之所以會有前後不同的評價，就是因為角度不同的關係所致，所謂此一時也，彼一時也！

其次，經由那個調戲者的「自我口供」，故事揭露了某些男人的醜陋面目與自私心理。須知婚姻是一種責任，尤其貴在彼此之間的負責態度，試觀那個調戲者在勾搭別人老婆時，自己的良知與對方應負的責任，兩者都可以不顧，但一旦要求起自己的妻子時，心中期待的標準絕對是不同的。本故事藉由那個調戲者，要求同一人而前後具有相互矛盾的兩種角色，凸顯了人性中的自私心態。事實上，這種因自私而導致的矛盾心理，普遍存在古今中外的社會中，筆者曾不止一次聽說過，某些男仕心目中的理想太太，是「白天像貴婦而夜裡像

蕩婦」，這不正是此一矛盾心理的反映嗎？

雖然這故事的本身，並未引申出任何結果或後遺症，但淫人妻女，卻絕對是社會道德所難容、所不能忍。處身世風日下的今日，情色氾濫已到無以復加的地步，網路上的文字與圖片，赤裸裸教人不堪入目。

人鬼莫測／請君入甕

去余家三四十里，有淩虐其僕夫婦死，而納其女者。女故慧黠，經營其飲食服用，事事當意。又凡可博其歡者，冶蕩狎昵，無所不至。皆竊議其忘仇。蠱惑既深，惟其言是聽。女始則導之奢華，破其產十之七八；又讒間其骨肉，使門內如寇；繼乃時說《水滸傳》宋江、柴進等事，稱為英雄，聳恿之交通盜賊，卒以殺人抵法。抵法之日，女不哭其夫，而陰攜卮酒酬其父母墓曰：「父母恆夢中魘我，意恨恨似欲擊我，今知之否耶？」人始知其蓄志報復，曰：「此女所為，非惟人不測，鬼亦不測也，機深哉！」然而不以陰險論，春秋原心，本不共戴天者也。

——清、紀昀《灤陽消夏錄》

好好解釋

當意 稱心滿意。

治蕩狎昵 猶言輕狂放蕩。

讒間 用讒言離間。

淤 通仇字。

交通 這裡指交往。

卮 圓形酒器。

春秋原心 尋本定罪之意。

教你看懂

在離我家三、四十里的地方，有個人把他僕人兩夫婦都凌虐死了，又強佔了他們的女兒為妾。這女兒聰明乖巧，被霸佔後，照料主人的吃穿都很周到，令人稱心滿意。凡是可以博得主人歡心的事，即使妖冶放蕩的行為，她都無不做到。人們在背地裡議論，都認為她忘了父母之仇。那人被她迷惑得太深，對她言聽計從。於是她先是引誘主人奢侈地揮霍，把他家產耗掉十之七八；再來用挑撥離間的手段，使家人骨肉間，如同仇人般相互對待；接下來又常對主人講些宋江與柴進的故事，說他們是英雄人物，聳恿著主人與強盜來往，這終於使那人因殺人罪被正法了。行刑那天，這女兒不去哭她丈夫，而是暗中帶著酒來祭拜父母，她在墓前說：「爹娘常讓我做惡夢，好像認為我忘了報仇而要狠狠揍我，如今總該知道了吧！」直到這時，人們才明白這女兒早就有志復仇，並且說：「這女兒的作為，不但是人難預料，就連鬼也無法猜測，城府真是深沈啊！」然而，人們並沒有將她的行為視為陰謀，這是因為《春秋》的主旨，乃在於探求人的內心動機，而這件事本來就是有不共戴天之仇。

你要明白

這是一則弱女子報仇的故事。從內文中可以看到，她依循的計畫審慎周密，而非暴虎馮河，使用的手段是請君入甕，而非血濺五步；這在一個高壓的封建社會中，對負仇忍辱而又沒有法律可以援手，孤身隻影且為女流之輩來說，處境如此，故其所作所為，也就屬不得不然了。人世間沒有比仇恨更可怕的事，故事中的結果，是那人的傾家蕩產與身首異處，但比這些更為嚴重的，則是這世界上大大小小與形形色色的戰爭。就以「九一一」恐怖攻擊事件，以及至今仍使人憂心忡忡的恐怖攻擊，都植基於相互報復的關係，足見仇恨之破壞力量是何等的可怕。

戴震質疑／師不能答

君生十歲，乃能言。就傅讀書，過目成誦，塾師授以《大學章句》「右經一章」，問其師曰：「此何以知為孔子之言，而曾子述之？又何以知為曾子之意，而門人記之？」師曰：「此子朱子云爾。」又問「朱子何時人？」曰：「南宋。」又問：「曾子何時人？」曰：「東周。」又問：「周去宋幾何時？」曰：「幾二千年。」曰：「然則子朱子何以知其然？」師不能答。

——清、江藩《漢學師承記》

好好解釋

戴震 字東原，清休寧人；乾隆舉人，後賜同進士出身，授庶吉士；性介特，無嗜好，惟喜讀書，有《東原文集》等行世。

君 敬稱，即指戴震。

塾師 古時私人設立的啟蒙老師。《大學章句》書名，南宋理學家朱熹對《大學》一書的注釋本。

右經一章 指《大學章句》中的一段話，其原文為「右經一章，蓋孔子之言，而曾子述之；其傳十章，則曾子之意，而門人記之也。」

子朱子 即朱熹，在此表尊稱。

去 表「離開、相隔」意。

教你看懂

戴震長到十歲時，才能清楚地使用語言，但當他就學之後，很快就顯現出他的聰明，讀書可說是過目成誦。有一次老師授課，在講到《大學章句》書中那段「右經一章」的內容時，戴震就問老師說：「大學中的經，何以知道是孔子所說、並由曾子所敘述的？而其中的傳，又是如何知道為曾子的意思、而由其門人所記載下來的？」老師回答他：「這是朱熹如此說的。」戴又問：「朱熹是何時人？」師答曰：「南宋時代人。」戴再問：「曾子是何時人？」師答稱：「東周時代人。」戴又再問說：「東周距離南宋多久？」師謂：「大約有二千年。」

戴震於是質疑說：「那麼朱熹又怎能知道事情的經過是這樣的呢？」老師至此無法回答。

你要明白

當代大學者、前中研院院長胡適之博士，年輕時進入美國哥倫比亞大學，跟隨美國實用主義哲學家杜威先生習哲學，可謂得到老師的真傳；民國十六年回國之後，投入新文化運動，並在學術思想上，提出著名的「大膽假設，小心求證」八個字的治學方針，以作為探討學問與從事工作的理論依據和實際方法。幾十年以來，國人對此八個字早已耳熟能詳，它不但為思想界開風氣之先，而且在實質上有其確切的可行性。

當然，若純從學術研究而論，「大膽假設，小心求證」毋寧說是一種考據方法。而胡適為安徽績溪人，其方法又恰與清初「桐城派」的某些觀點相符合；按桐城派之衡文，力主「義理、考據、詞章」三端相濟，不可偏廢。由此可見，胡適所提倡的「大膽假設，小心求證」，其實是兼具有中、西學術源頭的。

不過，無論是杜威或胡適，抑或是追溯及桐城派的代表人物方苞或姚鼎，畢竟他們都是卓然成家的人物；回頭來看我們故事中的戴震，小小年紀便知道在求知向學時，如何窮本溯源而勇於質疑，這與我們社會上常所詬病的「填鴨式」教育制度下，學童們只知「背多分」而缺少思維性的情形，恰成鮮明的對照。

從這則故事中，多期望我們的莘莘學子，都能像小時候的戴震那樣，在求學時凡事多問「為什麼」，更盼望為人師表者，平時多多自我充實，以免到時發生故事中「師不能答」的那種窘境。

案外案／天網恢恢，疏而不漏

姚公肅至元二十年癸未，為遼東按察使。武平縣民劉義訟其嫂與其私同殺其兄成，縣尹丁欽以成屍無傷，憂懣不食。妻韓問之，欽語其故。韓曰：「恐頂囟有釘，塗其跡耳。」驗之果然，獄定上讞，公召欽諦詢之，欽因矜其妻之能。公曰：「若妻處子邪？」曰：「再醮。」令有司開其夫棺，毒與成類，併正其辜。欽悸卒。

——元、陶宗儀《輟耕錄》

好好解釋

姚肅 人名，事不詳。

至元 元世祖年號。

案察使 官職名，唐初置，赴冬道巡察，考核吏治。

與其私 夥同其奸夫。

縣尹 即縣令，為一縣之行政長官。惟元朝稱縣尹，明、清多稱知縣。

妻韓 妻子韓氏。

頂囟 頭部會腦蓋，即頭頂正中央處。

定讞 案件已然判結有罪。

諦詢之 仔細查問。

處子 本指處女，引申為結髮妻子之意。

再醮 女子再嫁曰再醮。

有司 司其職者。

教你看懂

姚肅在元世祖至元二十年時，擔任遼東郡的按察使。當時該郡武平縣有一位縣民劉義，具狀控告其嫂夥同奸夫共同謀殺了他的哥哥劉成，縣長丁欽因為無法從劉成的屍體上找出傷害處，憂慮得連飯都吃不下。見到丈夫這樣，妻子韓氏便問其究竟，丁欽於是就將案情告訴了她。韓氏說：「很可能死者的頭頂中央處有個釘子，只是痕跡被塗蓋住了而已。」丁欽一驗之下，發現果然如此。於是罪證確鑿，案件定讞上呈，姚肅便將丁欽召來仔細查問，由於要誇耀自己妻子的能幹，丁欽便將經過和盤托出。姚肅聽後就追問說：「你們是結髮夫婦嗎？」丁欽答曰：「她是再嫁的。」姚肅於是下令辦案人員，去開韓氏前夫的棺材驗屍，結果發現死因與劉成相類似，因此一併懲治了韓氏而替其前夫洗了冤屈。經過這麼一番風波，丁欽終因驚嚇過度而死了。

你要明白

近若干年以來，社會各界對「科學辦案」這個名詞已經是愈來愈熟悉了；這是由於許多重大刑案，尤其是命案得以偵破，主要就是通過科學證據的確鑿性，讓犯罪者在鐵證如山前無法狡賴而不得不俯首認罪，經由傳播媒體的廣泛報導，科學辦案的方法及其所得到的證據，更進一步獲得社會大眾的肯定與認同。就辦案過程而言，方法與技術畢竟是後續動作，其真正佔主導與前導工作者，毋寧說是辦案的「科學精神」，這包括了正確的思維判斷與偵查方向。假使判斷有誤或方向不對，其結果必然是徒勞無功，甚至還將造成「無辜者枉、有罪者縱」的冤獄。

本故事的主旨，就是在推崇姚肅辦案時的高明之處，他能從韓氏的話語中，作出正確的合理懷疑與邏輯判斷，因而揭發了韓氏謀殺前夫的「案外案」。至於韓氏無意中暴露了隱情，而得到應有的懲治，也再次證明了老子所說的「天網恢恢，疏而不漏」的真理。

焚身／宗教不可盲目

秦中有僧，約眾期焚身，錢鏹坌積。至時果就火，士嚴擁養。巡按御史聞之來觀，令止炬。扣所願，三四不應。御史訝，令人升柴棚察之，僧但攢眉墮淚，凝手足坐，不動不言。御史命之下，亦不能。乃諸髡縛著薪上，加以緇衲，而麻藥噤其口耳。伺其甦，訊得之乃知歲如盤。先邀厚施，比期取一愚髡當之也。遂抵于辟。

——明、祝允明《野記》

好好解釋

錢鏹 即金錢。

坌積 涌聚的意思。

扣 詢問之意。

髡 和尚的蔑稱。

緇衲 黑色僧衣。

歲如此 年年都是這樣子。

比期 屆期，到時。

辟 法也，刑也。

教你看懂

陝西中部有個和尚，對民眾約定在某日要自焚，於是施捨的錢財湧集而來。到了約定的日期，果然點火舉行，民眾爭相觀望。巡按御史聞說此事也來看，隨即命令他停止再燒。當他詢問那自焚的和尚有何心願時，結果連問了三、四次都不見回答。御史覺得很訝異，便派人登上柴棚去查看，見那和尚只是緊皺著眉頭掉眼淚，手腳柄然地呆坐不動。御史要他下來，他也無法做到。原來是那些壞和尚將此人綁在木柴上，穿上黑色僧衣，施用麻藥使得他不能講話而已。等到此人清醒之後，方才訊問此事得知年年都是如此。那些壞和尚先以「自焚」為名而獲得豐厚的施捨之後，屆時再找一個愚蠢的人，剃光了他的頭髮來冒充。於是，御史便將那些壞和尚繩之以法。

你要明白

這又是一場假焚身為名而謀利為實的騙局。與前一則故事比較起來，這裡的罪魁禍首尤其可惡。因為前者中的老僧，還可說是作繭自縛；但這裡的始作俑者，卻是「慷他人之慨」，將無辜者活活燒死，他自已卻來撈取好處，陰殘狠毒，莫此為甚。

我們知道，宗教是一種思想，植基於其相應的信仰中，古今中外的世人，普遍存在有不盡相同的宗教意識。雖說其類別繁多，教義各異，但絕大多數宗教的共通點之一，那就是勸人為善。民眾具有良好的宗教信仰，有助於達成淨化人心與安定社會的目的。正確地看待宗教，固然需要虔誠，但千萬不可盲目，尤其不能狂熱，否則一旦走火入魔，其後果往往不堪設想。看了前面的兩則故事，值得我們深思與警惕。

王祚問壽／篤信怪力亂神？

祚居富貴久，奉養奢侈，所不足者，未知年壽耳。一日，居洛陽里第，聞有卜者令人呼之，乃瞽者也。密問老兵云：「何人呼我？」答曰：「王相公父也。貴極富溢，所不知壽者也。今已告汝。俟出當厚以卦錢相酬也。」既見祚，令布卦成，又推命，大驚曰：「此命惟有壽也。」祚喜問曰：「能至七十否？」瞽者笑曰：「更向上！」答以八 九十否？大笑曰：「更向上！」答曰：「能至百歲乎？」又嘆息曰：「此命至少亦須一百三 四十歲也！」祚大喜曰：「其間莫有疾病否？」曰：「並無。」固問之，其人細數之，曰：「俱無，只是近一百二十歲之年，春夏間微苦臟肺，尋便安愈矣。」祚喜回顧子孫在後侍立者曰：「孫兒輩切記，是年且莫教我喫冷湯水。」

——宋、王銍《默記》

好好解釋

王祚 宋朝人，初為小使，後官至刺史、觀察使等職，以左領軍衛上將軍致仕。其子王溥，舉武進士第一，官位相位，貴極一時。

里第 猶言居所。

相公 在此指宰相。

固問之 再三詰問。

尋 不久、很快的意思。

教你看懂

王祚處身於富貴的環境已久，生活相當奢華享樂，所唯一覺得不滿足的地方，就是不知道自己有多長的壽命，可以繼續享受下去。有一天，他在洛陽的居所中，聽到外面有卜卦者的吆喝聲，便命令一個老兵去招呼個卜者來。卜卦者的人原來是一位瞎子，他便偷偷地問這老兵說：「是誰要叫我？」老兵答說：「是王宰相的父親，他可說是大富大貴，所唯一不知道的，就是他自己的歲數。如今我將這件事私底下告訴你，待會出門時，當會得到豐厚的掛錢相酬謝。」

卜者見過王祚後，隨即擺起卦來，接著又推算命理，大驚說：「依這個命理，惟有壽徵也。」王祚聽說後，便高興地問：「能活到七十歲嗎？」瞎子笑著回答他說：「還要向上算！」王祚接連著問說是否能活過八十 九十歲呢？瞎子大笑說：「還要向上算！」王祚曰：「能到百歲嗎？」這時瞎子竟然嘆息著說：「這種命相，至少也要活到一百三 四十歲！」王祚大喜之餘，又問：「這往後是否會有什麼疾病嗎？」卜者答：「不會有任何疾病。」王祚又再三詰問，卜者只好再仔細推算一遍，最後告訴王祚說：「確實沒有什麼疾病，只不過在將近一百二十歲時，那年的春夏期間會有輕微的臟腑不舒服，但很快便會沒有事的。」聽到瞎子這樣講，王祚於是很高興地回顧侍立其身後的子孫輩們，並對他們說：「你們要牢牢記住啊！到了那年千萬不要讓我喝任何的冷湯冷水。」

你要明白

這是一則相當幽默，但卻極具諷刺性的故事。故事的幽默與諷刺，幾乎完全展現在兩個人（卜者與王祚）活靈活現的對話中，而整篇文章所透露給我們的信息與遺味，則是值得世人去多加思索。

生命的可貴與壽命的延長，這原是古今以來世人所珍惜與期盼的。在我國古老的《尚書、洪範》篇中，即有「五福壽為先」的說法；而吉祥語的「五福臨門」，也是我們所熟知的。這裡的「五福」便是指「一日壽，二日富，三日康寧，四日修好德，五日考終命。」可見在我們數千年來的文化中，「壽」為中國人所珍愛與期盼的程度。另一方面，「人類基因圖譜」的研究成果，更導引全球聚焦在延長人類生命的課題上。毫無疑問的是，生物科技在本世紀的快速發展，必將對人類壽命的延長，帶來實質性的巨大貢獻。反觀我國古代社會中的卜卦與算命，那純然只是一種迷信，想要祛病延年，自有其力行的方法與科學根據，「壽」豈是靠算而可決定的呢？故事中的王祚，無非顯示出他的無知與愚昧罷了。

卦卜與算命的迷信行為，至今猶存在我們的社會中。然而卦卜也好，算命也罷，都算是「商業行為」的一種，故事中的瞽者與王祚，這兩人可說是「前者存心愚弄，後者甘心受騙」。二十一世紀的現代，科技文明又邁進了一段新的旅程，我們是否也應從這個故事中獲得一些省思呢？

人言不足據／人言不可盡信

西人有精於畫者，名甚高，顧不敢自信，恐友朋之阿己也。乃懸畫通衢，置筆札其上，請途人評之。翌日取以歸，則見評者甚多，而皆指摘畫中短處，訶詆利病者極多，或言某山不似，或言某樹不佳。合眾評觀之，幾無一筆足當名畫之目者。自念己畫縱不佳，何至醜劣如是？姑以畫并眾人所評，復置前地。又數日取歸，則評者復不滅前，皆捨畫而評前此評畫之語，詆評者之無目，謂畫本佳，而指摘咸誤。

畫師合前、後評者觀之，喟然曰：「吾始知人言不足為據。蓋先之評者，非志在畫也，務摘畫中之短，以示己之眼力，後之評者，亦非志在畫也，且非果知前評之謬也，不推翻前人，則不足見己之長也。是二者皆為己，非為畫也。余今不負求人，仍求諸昔之師友可矣。」

——清、汪康年《汪穰卿筆記》

好好解釋

西人 西方歐美人士。

阿己 奉承討好自己。

通衢 大街的主要道路。

筆札 此為筆與紙。

見評 加以評論。

利病 此為偏義複詞，強調的是「病（缺點）」這個字。

一筆 一處、一個地方。

前此 此次之前。

喟然 歎息。

教你看懂

西方有一位畫家，他的造詣頗深，而名氣也很高。由於害怕這些稱讚都是朋友們在刻意奉承他，所以就不那麼地有自信，隨後他就想出了一個方法，將自己的畫作張貼在某大街的要道處，旁邊並備妥紙與筆，要求路過的有識之士，對他的畫作提出自己的評論。第二天，他將路人所作的評論帶回家中一看，見到發表意見的人很多，但卻都是在指摘畫中的短處，尤其對缺點部分罵得很凶，有說這處的山畫的不像，有說那處的樹畫得不好。綜合大家的意見來看，幾乎沒有一處可被視為名家之作。自己反省了一下，覺得自己即使畫得不夠好也不至於那麼差吧。於是根據大家的意見在畫了一張，然後依舊放回老地方。過了幾天再把畫取回家中，發現參與評論的人數並不比之前的少，所不同的是，這次人們所評價的不是畫作本身，而是一窩蜂似的在評論上次那些人所作出的評論，痛斥原先那些人沒有眼光，說是畫作本身是好的，但前次的種種評論卻都是錯誤的看法。

這位畫家在將前後兩批人的評論反覆比照之後，不禁歎息說：「我到現在才知道，人言是不足為據的，先前的那些評論，其焦點不在整體的畫作上，而是務求挑剔其中的短處，以便顯示異己的眼力；後來得這些評論，著眼點也不是在客觀評鑑畫作，而且也並非真正知道先前評論的謬誤之處，只不過他們總覺得，若不推翻前人的評論，便不足以展示自己的長處罷了。由此可知，這兩批人都是主觀地在為自己設想，而非客觀地去評畫。從此以後，我不必再去聽取那些不相干人的意見了，還是像往日的師友輩們求教就可以了。」

你要明白

在《孟子，盡心下》這篇中有一句話說：「盡信書，則不如無書，吾於武成取二三冊而已矣。」雖然這裡的「書」，其原意是指《尚書》這部名著，但後世將其引伸為對一般的書籍而言，孟子的話仍是具有參考價值的。

謠言的可怕是大眾熟知的，但即使並非謠言而是一種偏見，也足以誤導人們的思維與判斷。本故事就是在告訴我們「人言不可盡信」，這是因為在客觀上，各人的角度與立足點未必相同，若再加上為了一己之私的私心自用，則眾人同一事物的評斷，欲求其結案公允一致，實在是非常困難。

當然，原作者在本故事中所要表達的更深層意義，則在於譴責世人心目中的「非人以為己」，講得明白些，那就是「打擊別人，成就自我」，從文末那位畫家的歎息中，我們顯然知道這是人性中最不可取的地方。

第五課

很多事可以這樣應對

唐六如／活命哲學

宸濠甚愛唐六如，嘗遣人持百金，至蘇聘之。既至，處以別館，待之甚厚。六如住半年，見其所為不法，知其後必反，遂佯狂以處。宸濠遣人饋物，則套形箕踞，以手弄其人道，譏呵使者。使者反命，宸濠曰：「孰謂唐生賢，一狂士耳。」遂放歸，不久而告變矣。

——明・馮夢龍《智囊》

好好解釋

唐六如 明朝蘇州府吳縣人唐寅，字伯虎，一字子畏，號六如，弘治中鄉試第一名，被累謫為吏，不就，歸家放浪以終。

宸濠 明太祖第十六子朱權（封寧王）的後代，正德十四（一五一九）年在南昌舉兵反，不久即為王守仁所平。

套形 套同裸，套形猶謂脫光衣服。

箕踞 伸直兩腳而坐以致其形似箕為箕踞，表放肆或驕傲之貌。

人道 在此指生殖器。

教你看懂

寧王朱宸濠十分敬重唐伯虎，曾經派人拿著百兩黃金，將他自蘇州府聘來。來後安置在別館中，日常的待遇很豐厚。唐伯虎如此住了半年，察覺到寧王的行為不法，內心知道他以後必然會造反，因此平常就裝成一付瘋瘋顛顛的樣子。每當寧王派人饋送禮物時，他就裸露身體放肆地坐著，甚至一邊撥弄生殖器，一邊譏罵來人。當來人將此情形向寧王回報時，寧王聽了說：「外間還說唐伯虎是個賢能的人，看來不過是個狂妄之徒罷了。」因此將他遣返原籍，過未多久，寧王就真的在南昌舉兵造反。

你要明白

簡單地來說，這是一則「佯狂遠禍」的故事，這類情形，在歷史中經常可見。稗官中的「孫龐鬥智」，描述了孫臏在龐涓的陷害下，如何地佯狂自辱，卒得與齊使俱歸而逃脫魔掌，迨齊魏一戰，終能設計困住龐涓於馬陵，萬弩齊發之下，龐涓智窮而自刭，孫臏以此名顯天下，後世傳其兵法。

除上述的單一事件外，到了魏晉南北朝時代，讀書人為求自保，形成了歷史上所謂的「魏晉之風」，其中某些人的「醉酒佯狂」與「崇尚清談」，他們表面上天天沉迷醉鄉或是心慕老莊，骨子裡所奉行的卻是一套活命哲學，亦即遠離政治上的是非。反之，若在這種環境下，仍要輕狂傲世或滿腹牢騷，則其遲早遭禍乃屬必然，著名者包括了孔融、禰衡、楊修與嵇康等人。

這裡所談到的唐伯虎，多少年來就是一個家喻戶曉的人物，戲台上喬裝為華安的他，給觀眾的印象是那麼地風流倜儻與洒脫不羈。但在他的真實人生裡，以其才華而論，其實是不得志的，好在他能忍能安，才不致身罹禍患，這可從他所撰寫的「百忍歌」與「嘆世詩」等作品中可以見之。至於本故事中所述及的，則是他「知足能忍」之外的另一個明智之舉，那就是「察微而慮遠」。以當時寧王的權勢來說，擺明著不依附，眼前就有危機，勉強跟著混下去，異日又難逃株連，權衡之下，才不得不「佯狂以處」，說來真是一種悲哀，古人有謂「行路難」，所指的正就是人生旅途的崎嶇，一路走來，你看有多艱辛。

陳仲微／不欠人情一身輕

仲微初為莆田尉，署縣事。現有誦仲微於當路，而密授以荐牘者，仲微受而藏之。逾年，其家負縣租，竟逮其奴。是人有怨言，仲微還其牘，緘封如故，是人慚謝。

——明、馮夢龍《智囊》

好好解釋

陳仲微 宋朝高安人，字致廣，嘉泰進士；由莆田尉至江西提點刑獄，所至有後屢官惠州知府，吏部尚書等職。

莆田 縣名，隸屬福建省。

尉 官職名，在此指縣尉；秦置，漢代相沿，大縣二人，小縣一人，主管一縣之軍事及治安，至明代始廢除。

誦 通頌，喻好言讚美。

當路 主管上司或當局。

教你看懂

陳仲微後來雖做到吏部等要職，但他早年是從縣尉一路幹起的。在他擔任縣尉並代理縣務時，縣內有個人在其主管當局前為他說好話，並替他寫了一封推薦函，密封起來交給他，陳仲微接到後，便收藏起來。過了一年多，那個人家欠了縣政府的租稅，陳仲微就逮捕了他家的奴僕。那人心中十分不快而有了怨言，陳仲微於是取出了那封推薦函還給他，那人一看到推薦函原封未動，這才慚愧地向陳仲微道歉。

你要明白

中國文字是兼具形、聲、義的，造字方法的「六書」中說得非常清楚，其中就會意一項來說，為我們提供了對文字認識上的聯想與理解。舉例而言，雙木成林，人言為信，這是再簡單不過的常用字，二者皆由兩字組合而成，使我們很容易聯想其意義；而在我們的故事中，也間接地涉及到一個組合字，那便是「於人有責」的「債」字。債之於人有兩種：一個是有形的金錢債，另一個則是無形的人情債；就某些狀況來說，人情債的負荷遠較金錢債者為重，因為他有時很難還得清。

故事中的主角陳仲微，他深知肩負人情債的壓力，故其行事交友，一向方正坦平：當別人替他說好話時，他只是心領而已；當別人為他準備好推薦函後，他也不鑽營。惟其如此，才能公事公辦，所謂「大夫無私交」，陳仲微可謂官場中的清流。反觀那個替他寫推薦信的人，其實是別有所圖，他自認當初幫了忙，到頭來必然有所圖報，而且所期待的回報竟是與公權力有關的事情，只是他看錯了人，誤以為陳仲微也和他一樣，是個同流合污的人。最後的結果讓他十分慚愧，只能道歉，因為始作俑者正是他自己。

和前一則故事一樣，這兩則情節與意義都十分相近，除了藉以自勉勉人外，我要再次點出，無論是為公為私，還是為人為己，兩篇文章所講求的，都是教我們如何律己以待人，前者告訴了我們，「天下沒有白吃的魚」，後者讓我們理解何謂「不欠人情一身輕」。

唾面自乾／「忍．恕」之道

婁師德深沉有度量，其弟除代州刺史，將行，師德曰：「吾輔位宰相，汝復為州牧，榮寵過盛，人所妒也。將何求以自免？」弟長跪曰：「自今雖有人唾某面，某拭之而已，庶不為兄憂。」師德愀然曰：「此所以為吾憂也，人唾汝面，怒汝也，汝拭之，乃逆其意，所以重其怒，不拭自乾，當笑而受之。」

——元、吳亮《忍經》

好好解釋

除 除故官就新官也；在此借指「即將上任」的意思。

代州 古代州名，在今山西省境內。

刺使 官名，秦置，後曾改為州牧，為一州之行政長官。

長跪 即跪也。

愀然 面色憂愁的樣子。

教你看懂

婁師德的個性深沉而有度量，當他的弟弟將要赴代州擔任刺史一職時，婁師德就說：「我現在正在輔佐皇上而任職宰相，你現在又成為代州的州牧，這種榮寵過於顯赫，難免遭人嫉妒。你將如何面對這種問題，以求自免呢？」他弟弟於是跪著說：「從今以後，就算有人朝我臉上吐口水，我也只是把它擦掉罷了，這樣一來便應該不會讓哥哥您擔憂了。」聽到這話，婁師德面色憂愁地說道：「你這樣做，正就是讓我擔心之處，試想有人對你吐口水時，那他一定是很憤怒了，你若是把口水擦掉，豈非違背他的本意，正好加重了他的怒氣？你所要做的，應該是讓口水自乾而面帶笑容去承受這一切。」

你要明白

這是一個非常著名的故事，其故事見載於《隋唐嘉話》、《新唐書》等多種史料當中。這是選自元朝的錢唐人吳亮，所收集的許多經史典籍中，有關「忍、恕」之道的故事，編成一本名為《忍經》的文言短篇集。而該文的標題「唾面自乾」，已經成為一則成語典故。

在中國人的觀念中，都有「人要臉，虎要皮」的認定，所以當別人朝我們臉上吐口水時，那無疑是一種嚴重的侮辱與強烈的挑釁，若是一般人遇到這種事，則接下來所要發生的一場激烈衝突，無論如何也難以避免。

然而故事中的婁師德，其涵養之深與度量之大，遠遠超過尋常人的想像，從他對弟弟的那番懇切的談話中，不難看出這位唐代的「大臣、名臣與賢臣」之所以能留芳千古的根本原因。根據歷史可知，在婁師德出將入相近三十年期間，時值武則天當朝，寵幸奸臣巨惡周興、來俊臣等人，結果是朝廷屢興大獄，天下死人無數，而婁師德獨能明哲保身，享有賢臣的美名，假使沒有超凡的修為，安得如此。

祁奚舉賢／客觀論事

晉大夫祁奚老，晉君問曰：「孰可使嗣？」祁奚對曰：「解狐可。」君曰：「非子之仇耶？」對曰：「君問可，非問仇也。」晉遂舉解狐。後又問：「孰可以為國尉？」祁奚對曰：「午也可。」君曰：「非子之子耶？」對曰：「君問可，非問子也。」

君子謂祁奚能舉善矣。稱其仇，不為諂；立其子，不為比。《書》曰：「不作不黨，王道蕩蕩。」祁奚之謂也。外舉不避仇讎，內舉不迴親戚，可謂至公矣。唯善故能舉其類。《詩》曰：「唯其有之，是以似之。」祁奚有焉。

——漢、劉向《新序》

好好解釋

晉大夫祁奚老 大夫，官職名；祁奚，人名，魯成公十八年起任晉國的中軍尉；老，此處指告老退休。

晉君 指晉悼公姬周。

解狐 人名，晉臣。

國尉 即中軍尉。

午 指祁奚的兒子祁午。

《書》 《尚書》。

《詩》 《詩經》。

教你看懂

晉國的大夫祁奚，在其任職中軍尉因年老即將退休時，國君問他說：「誰可以接替你的職務呢？」祁奚回答說：「解狐可以。」國君說：「他不是您的仇人嗎？」

祁奚答道：「您是問誰可接任我的職位，而非問我的仇人是誰。」於是晉國就決定了解狐這個人選。（由於解狐在尚未正式上任前就死了，所以國君）

後來又問祁奚說：「誰可以做國尉？」祁奚回答：「祁午可以。」國君說：「他不是您的兒子嗎？」祁奚回答道：「您是在問誰可以做國尉，而非問我的兒子是誰。」

君子認為，祁奚是個真正能夠推薦賢才的人。當他舉薦其仇人時，並不是為了巴結討好；而在薦用自己的兒子時，亦非為了朋比營私。《尚書》中說：「不偏不黨，王道蕩蕩。」講的就是像祁奚這種人。他推舉外人時，不迴避仇人；推舉身邊人時，不迴避親戚，可說是至公至正的典範了。唯有自身賢良，方才能舉荐賢良的同類人。《詩經》中說：「唯其有之，是以似之。」指的也就是祁奚這種人啊。

你要明白

這篇短文包含有兩小段，前者講述了一則發生在《左傳．襄公三年》的著名故事，後者則是原作者劉向先生，就此故事表達了他自己的看法，其中兩次引用經典中的說法，來形容與比擬祁奚的行事作為，充分顯示出他對祁奚高尚品德的推崇與讚譽。

有句諺語說「一樣米養百樣人」，可知芸芸眾生的品德各異，但為了簡化問題，社會上常將世人區分為「好、壞」兩種，講得典雅些，就是「賢、不肖」。最能夠說明這種情形的，莫過於當我們在觀賞電影或電視連續劇時，遲來或不明白前後劇情的人，總會指著銀幕上的某角色問其他觀眾：「他是好人還是壞人？」可見這種簡單的二分法，已成為社會上對人物評價的基本方式。

正因為人性不同與賢不肖的客觀存在，我們就不能以個人的好惡或與自己的親疏關係，去主觀地認定某人的能力與品格，倘若失之偏頗甚至發生重大錯誤，則其後果堪慮。純就自己而言，識人不明終將影響其往後的事業成敗，若是涉及到廣大社會，則用人不當必將關係著國家的興亡盛衰，史鑑昭昭，往事歷歷，這則故事值得我們深思。

留心公事／戮力從公

江南巡撫大臣，惟周文襄公忱最有名。蓋公才識固優於人，其留心公事，亦非人所及。聞公有一冊曆，自記日行事，纖悉不遺。每日陰晴風雨，亦必詳記。如云某日午前晴，午後陰；某日東風，某日西風；某日晝夜雨。人初不知其故。一日，民有告糧失風者。公詰其失船為何日？午前午後？東風西風？其人不能知而妄對，公一一語其實。其人驚服，詐遂不得行。於是知公之風雨必記，蓋亦公事，非漫書也。

——明、陸容《菽園雜記》

好好解釋

周文襄公忱 周忱，字恂如，明朝吉水人，累官工部侍郎、江南巡撫、工部尚書等職，卒謚文襄。

冊曆 日曆式的簿子。

纖悉不遺 絲毫都不遺漏。

漫書 隨便寫寫而已。

教你看懂

江南巡撫大臣中，要算周忱最有名。這固然是因為他的才識本來就超越別人，而且他對公事的留意，也不是別人所能及的。聽說他有一本簿子，自己逐日記下當天的行事，而且絲毫不遺漏。每日中的天氣變化，也都詳細記載下來。譬如說某日上午晴，下午陰；某日吹東風，某日刮西風；某日整天整夜都下雨。原先人們都不知道這是為什麼。有一天，一名百姓來報告說他的糧船曾遭遇風災。周忱便查問起事發的日期是那一天？發生在午前還是午後？刮的是東風還是西風？那人因為不知真實的情況，所以就胡亂回答，周忱於是把真實的情形，一一說了出來。那人聽了大為驚訝與嘆服，所以詐騙並未得逞。經過這件事，人們才知道周忱連風雨之類的事都詳細記錄下來，也是為了公務，而不是隨便寫寫了。

你要明白

「做一天和尚敲一天鐘」，這是典型的因循苟且的行為。說其因循，是因為敲鐘是不得不做的例行工作，說其苟且，則是因為他每天都在計算著時間，過一天算一天。存在於這種行為背後的思想，乃導源於一個人的自私心理與消極觀，最常見到的，多半發生在替人打工者的身上，其中特別是一般的基層人員。據說日本人更具團體精神，他們的白領階級以及勞工大眾，對服務機構的團隊榮譽，維護甚力，甚至有人以廠為家，加倍勤勉，這無疑是風氣使然，絕非是一朝一夕所能塑造成的。反觀中國社會，早年被外國人譏笑為一盤散沙，才導致滿清末年，遭到列強的瓜分，幾乎面臨國家滅亡的命運，這自然亦非一朝一夕所造成，回溯其源頭，不能不歸咎於無數人的自私心與消極觀。

然而，本故事中所介紹的，卻是一個戮力從公的人物，而且事事留心，鉅細靡遺。雖然文章中只談及周忱對天氣方面的留意，但舉一反三，又安知他在其餘政務上就不是如此呢？何況結果表明，他記載每日陰晴風雨的效用，非但有助於公務的推行，而且效果還不是旁人所能提前預料的。對照今日的資訊語言，故事中的大部分著墨處，涉及到有關「資料收集與儲存」的問題。過去由於物資貧乏，科技落後，太多的事務都得要靠人力才能完成，而人力能做的多半繁瑣與疲累，的確令人生畏，即便有人願意開始去執行，往往都是半途而廢，難以為繼，最常見而且為世人所熟悉者，莫過於寫日記的習慣。就像「書到用時方恨少」那樣，在某些場合，筆記中的資料，對特定問題的解決，具有關鍵性的作用，本故事中的情節固然是個好例子，而有些大人物們的手札與日記，甚至能成為珍貴的史料，對歷史問題的研究極具參考價值。

趙人患鼠／任用與考核之道

趙人患鼠，乞貓於中山。中山人予之，貓善捕鼠及雞。月餘，鼠盡而其雞亦盡。其子患之，告其父曰：「盍去諸？」其父曰：「是非若所知也。吾之患在鼠，不在乎無雞。夫有鼠則竊吾食，毀吾衣，穿吾垣墉，壞傷吾器用，吾將饑寒焉。不病於無雞乎？無雞者，弗食雞則已耳，去饑寒猶遠，若之何而去夫貓也！」

——明、劉基《郁離子》

好好解釋

盍 何不。

若 你。

垣墉 牆之矮者曰垣，高者曰墉；垣墉則是牆的泛稱。

病於 有害於。

教你看懂

趙國有個人遭遇到鼠患，於是他到中山國討求貓隻。結果中山國的人，就送了一隻會捕鼠及吃雞的貓給他。過了一個多月，老鼠雖然消滅了，但家中的雞隻也被貓吃光了。趙人的兒子覺得很糟糕，於是告訴父親說：「何不把這隻偷吃雞的貓趕走呢？」趙人回答說：「這件事，不是你所了解的。我所擔心憂慮的，在於有鼠患而不在於無雞，這是因為老鼠會偷吃我們的糧食，咬破我們的衣服，打穿我們的牆壁，毀壞我們的用器，如此我們就要挨餓受凍了。這不是比無雞更有害嗎？若只是無雞，不吃雞就是了，那距離挨餓受凍的地步還遠著呢，你又何必只掛念著要趕走那隻貓呀！」

你要明白

「過街老鼠，人人喊打」，鼠之為患則被世人所厭惡，可說古今中外，從未有過例外。正因為如此，牠也就如同狼那樣，用為形容詞時，兩皆具有很重的貶義，有時被用來描述社會上的敗類或壞人，例如獐頭鼠目或鼠輩橫行等，其意涵也就再明顯不過了。

這裡的故事，則是藉著老鼠的天敵——貓，來說明另一項道理。常言有謂是「兩利相權取其重，兩害相權取其輕」，當事物必須加以取捨時，我們就應該依照能將傷害降至最低、獲益力求最大的原則，作一個最佳之選擇，文章中趙人對其子的答語，恰好就是不厭其煩地闡述此種理由。

另外值得我們注意的是，作為民間傳奇人物的劉伯溫，他非但是一位文學家，更是明初一位著名的政治家，由於他是朱元璋取得天下的主要謀士之一，故他對於治國理民之道所知甚深，而本則故事則有更為嚴肅的意義，其實也是在說明當政者對官吏的任用與考核之道，進而展現了他的社會政治觀。

吳起為魏將／領導者應如何待人

吳起為魏將而攻中山，軍人有病疽者，吳起跪而自吮其膿。傷者之母立泣，人問曰：「將軍於若子如是，尚何為而泣？」對曰：「吳起吮其父之創而父死，今是子又將死也，吾是以泣。」

——周．韓非《韓非子》

好好解釋

吳起 戰國時代衛人，好用兵，初為魯將，攻齊大破之；後聞魏文侯賢，往歸之，文侯以為將。著有《吳子》六篇，《史記》中有其傳。

中山 古國名，位今河北省境內。

病疽 患有毒瘡。

立泣 立刻哭起來。

若子 你的兒子。

創 創傷。

教你看懂

吳起在擔任魏將的期間，有一次要去攻打中山，這時軍中有個士兵身患毒瘡，吳起跪下身子，親自為他吸出毒瘡內的膿。知道這件事之後，患者的母親馬上哭了起來，有人問她說：「將軍如此待你兒子，為什麼還要哭呢？」她回答說：「吳起當年，也是這樣替這孩子父親吮吸傷處，結果他父親就拼力作戰而死去，如今這孩子，恐怕又將將要戰死了，我因此才哭泣。」

你要明白

這是一則有關領導統御方面的範例，而且非常著名。兼從戰略思維與戰術運用二者來看，《孫子》一書，自來就是我國一部兵法經典之作，加上歐美各國，近年來對它的深入探討，足見其兵法歷久彌新。然而在傳統的《武經七書》中，排名僅次於《孫子》，而且慣常合稱為「孫吳兵法」的另一名著，則是《吳子》這本書，其作者吳起，便是本文的主角。

雖然在《漢書藝文志》中記載《吳子》有四十八篇，但現存的版本只有「圖國、料敵、治兵、論將、應變、勵士」這六篇，即使如此，其價值相較於其他兵學要典，依然毫不遜色。就以其最後那篇「勵士」來說，吳起在回答魏武侯「嚴刑明賞，足以勝乎？」的問題時，曾講過「夫發號施令，而人樂聞；興師動眾，而人樂戰；交兵接刃，而人樂死；此三者，人主之所恃也。」回顧這則故事，病疽者父親的「交兵接刃，而人樂死」，正就是「嚴刑明賞」的結果，也是致勝的關鍵；而吮創吸膿，適足說明了吳起不但是謀略的規劃者，也是具體的實踐者。

當然，兵法或策略，不徒然只是用在軍事這一狹義層面上，舉凡政治、經濟與商業等各領域，均可找尋到相關的應用。惟任何社會活動總離不開人或人際關係，故一個領導者應如何帶人與待人，則是本故事所彰顯的主旨。

誤認／正直世界

卓茂嘗出門，有人認其馬。茂問之曰：「子亡馬幾何時矣？」對曰：「月餘日矣。」茂有馬數年，心知非是，解以與之，而自挽車去。將去，顧而謂曰：「若非公馬，幸至丞相府歸我。」他日，馬主別得亡馬，乃詣丞相府歸焉。

——明、鄭瑄《昨非庵日纂》

好好解釋

卓茂 字子康，東漢時苑人，習法禮及曆算，稱為通儒，性寬仁恭愛，光武帝時為太傅，封褒德侯。

嘗 曾也。

亡 失也。

幾何時 猶謂多久時候。

公馬 公，敬稱；公馬在此即指「您的馬」。

承相 官名，西漢初稱為相國，如蕭何便是，後改稱承相，如三國時期的諸葛亮，都是綜理全國政務的最高官職。

教你看懂

卓茂曾經有一次出門，碰到一個前來誤認遺失馬匹的人。卓茂問他說：「您的馬走失了多久呢？」那人回答道：「一個多月了。」由於卓茂的馬跟隨著他已有好幾年，故他內心知道，自己的馬絕非對方所走失的那匹，但他仍然從車駕上將馬解下交與那人，自己則挽著車子回去。在離開前，他轉而對那人說：「如果不是您的馬，煩請您送到丞相府還給我。」後來，那人在別的地方找到了他原先遺失的馬，於是便把卓茂的馬送到丞相府歸還給他。

你要明白

在各種人際往來的關係中，有時總難免會因錯覺而產生某些誤會，由於誤會的產生原委不一，而個人對解決誤會的處理方式又或許大異其處，因此其結果的差別往往就變得很大。不過，像這則故事中所發生的誤會，其情節與結果卻頗為特殊，既具有戲劇性亦具有溫馨感，然而稍加思索一下我們又何嘗不可以從其中體會出更深刻的人生哲理呢？

不妨設身處地去想想看，如果今天換了你我是卓茂的話，一旦碰上這種「莫名其妙」的事，那隨後的故事情節與結果，絕對是要改寫的。雖說那位失主原先是出於誤會而向卓茂提出索馬的要求，其心態固無可厚非，但卓茂在問清楚情形後，內心明明知道不是那麼一回事，捨理直氣壯的反駁甚至訓斥而不為，卻平心靜氣地將自己的馬解下來送人，且讓自己辛苦的拖著車子回家，其處事平和與待人寬厚處，怎能不讓人為之動容！

常言說的好，「和為貴，忍為高」，此六字確屬至理名言。漢代的卓子康與唐朝的婁師德，恰好分別將「和」與「忍」這兩個字的美德，發揮到幾難復加的地步。反觀在我們今天的工商社會中，生活緊張之餘，似乎到處都充斥著一股

暴戾之氣，人們往往一言不合便大打出手，無知惡少有時竟因被人瞄了一眼而動刀殺人，「世風日下」與「人心不古」，於是便成了關心世道之人士所常發出的沉痛呼籲。相對於早期農業社會中的純樸民風而言，今天的種種亂象，的確讓我們難以否認「人心不古」的情形已普遍存在，正因其如此，這則故事更加彌足珍貴。

湯文端／欲報舊恩

湯文端父在鄉市開肆，除夕收帳還，有金三十。忽見兩夫婦抱頭大哭，聲甚哀。問之，曰：「為債主所逼，欲嫁妻以償之。」曰：「嫁則嫁之，何哀如是？」曰：「夫婦素和睦，不得已出此，實不忍分離。」曰：「所負若干？」曰：「三十金」曰：「可毋嫁，我為君償。」探囊付之，某夫婦感甚，因問其家世，知姓湯，有一子名金釗，已遊庠。謹記之，以圖厚報。

時一女，年十三四，有殊色。浙撫某，欲進美女以媚和珅，遍訪西施、鄭旦，物色得之，重金買送至京；和珅大悅，寵冠諸姬。期年生一子，愈喜，惟其言是聽；此女受父母囑，思報湯德，屢向珅言之。是歲大比，坤即以關節交浙江主考某；榜發，巍然解首，文端不知也。入都，未二日，珅使人持名片，送銀三百兩至。適他出，仍持回，僕囑司閽者：「明日至相府領」。此時文端若往見，則會元狀頭俱可得。文端歸，知坤欲羅致之，笑曰：「吾豈趨附權勢者？」夜即雇車，天明出都，不入闈。坤敗後，方應禮部試。此等舉動，真有湯臨川風。然文端第謂坤欲收天下士，而不知其實聽婦人言，欲報舊德也。

——清、歐陽昱《見聞瑣錄》

好好解釋

湯文端 清化蕭山人，名金釗，字敦甫，嘉慶進士，道光時屢官協辦大學士、吏部尚書，謚文端。

遊庠 古時之學校稱庠，府學與縣樂之生員稱庠生；遊庠在此猶謂在學。

西施、鄭旦 均為春秋時代的著名美女。

大比 科舉時，稱鄉試為大比。

解首 鄉試第一名為解元，即解頭或解首。

會元 禮部會試第一名稱會元。

狀頭 殿試時一甲第一名為狀元，即狀頭。

湯臨川 此指明代臨川人湯顯祖，著名戲曲家，為人剛正不阿；自隆慶五年起，四次參與會試，後兩次因謝絕宰相張居正之延攬而落選。直至張去世後，始中進士。

教你看懂

湯金釗的父親，早年在家鄉的街市開店，某年除夕從外面收帳回來，身上帶有三十兩銀子。忽然間看到一對夫婦抱頭痛哭，聲音十分悽慘。湯父走向前去詢問，對方說：「被債主逼債，現只有嫁妻還錢了。」湯父說：「要嫁就嫁，何必如此哀痛呢？」對方說：「我們夫妻素來恩愛和睦，這次出於無奈，實在捨不得分離。」湯父再問：「你們欠了多少錢？」對方答說：「三十兩銀子。」湯父便安慰著說：「不必嫁妻了，我為你們清償欠債。」說完就在錢袋中掏出那三十兩銀子付給他們。這對夫妻十分感激，就問了一些情形，知道眼前的恩人姓湯，有個名叫金釗的兒子，正在讀書，希望以後能博取功名，他們將這些牢記在心，企盼有一天能厚加報答。

這對夫妻生有一個女兒，年齡十三 四歲，長得特別漂亮。當時的浙江巡撫，打算要獻個美女去討好權臣和珅，所以正在到處尋訪中，最後用重金將他們的女兒買下送到了京城，這讓和珅大為歡喜，也最受寵愛。一年之後，她為和珅生了一個兒子，和珅於是更加高興，所以凡事都會聽她的。由於這名女兒牢記著父母的囑付，念念不忘要報答湯姓恩人的大德，所以就常常在和珅面前提起當年事。剛好這年舉行鄉試，和珅就透過關係，交待了浙江省的主考官，鄉試揭榜，湯金釗高中第一名，只是他自己不知這其中的曲折。鄉試上榜後，湯金釗便進京準備參加會試，來到後才兩天，和珅就差人拿著名片，送了白銀三百兩來到其住處。正碰上湯金釗外出，所以來人只好將銀子帶回，但卻交待了門房說：「要湯金釗明日到相府來領。」如果他當時沒外出並去拜見和珅的話，則屆時的會元與狀元，一定都是他的。

等到湯金釗回到住所後，知道和珅有意攏絡他，他卻笑著說：「我會是一個趨炎附勢的人嗎？」當夜便去僱車，次日一早就離開了京城，決定不參加會試。一直等到和坤被嘉慶皇帝抄家論罪之後，湯金釗才再去參加禮部的會試。像這種風骨舉止，真可與湯顯祖的人格比美。只不過在當時的湯金釗心目中，只是認為和珅想要收買天下讀書人，而不知道其實際上是聽了寵姬的話而欲報舊恩。

你要明白

這個故事的發展時間稍長，因其間湯姓父子的人生浮沉，前後歷經了乾隆、嘉慶與道光三個朝代，但素筆白描的，卻全都是有益於世道人心的正面情節——湯父的慷慨行義，受人之惠者的不忘報德，湯金釗的守正不阿——這些理當是我們為人處世時，所應見賢思齊的地方。

在文獻紀錄上，和珅是個大壞蛋，尤其在貪瀆營私方面，他非但是清朝的首屈一指者，但在各朝各代中算起來，其納賄徇私，也是名列前茅的。正因如此，他後來垮台得很慘，這是因果報應，自然循環之理，問題是文章中的湯金釗，若非他當時持身以正、剛直不阿，否則趨附權勢而投靠相府之餘，其結果必然同受株連，下場也就不問可知了。足見安身立命，須求問心無愧才是。

江公道／公道自在人心

江某，歙人也，性狷介，家貧貿易鳩江。嘗以銀四兩，市布於肆，江故乏資，贏縮必較，當肆苦其煩，擲銀完之；江出檢視，則十金也。急入投銀於櫃曰：「從君計予羨無多，從予計君利尚厚，幸無拘執。」當肆罔解其意，他顧不問，江無奈危坐以俟。市散，從容謂曰：「與非強相聒如，厥數不服何？」出銀示之，當肆駭然曰：「奚不早告？」曰：「此時東人在，暴之，則君任過矣。」奇人歎服曰：「吾過矣，吾過矣！曩以小人心待君子矣。」遂如其值，出布以付。一時傳頌，目之曰「江公道」，厥後獲利甚豐，為邑巨富。

——清、杜鄉《野叟閒談》

好好解釋

歙 縣名，為今安徽省內。

狷介 守正不阿。

鳩江 即九江，位今江西省內。

市布 買布。

贏縮 有餘與不足，在此指價錢上的出入。

當肆 在此指店鋪內的伙計。

十金 即十兩銀子。

羨 饒也，餘也，溢也。

危坐 端坐。

聒如 猶謂聒噪，多言擾人之意。

東人 老闆。

暴之 揭穿之意。

如其值 照他的要價。

教你看懂

安徽歙縣有一位江先生，平常個性正直，由於家境窮困，所以跑到江西九江去做生意。有一天，他拿著四兩銀子到一家布店來買布，因為資本少的關係，所以在討價還價時，便顯得斤斤計較了些，布店的伙計不勝其煩，便把買布的銀兩退還給他；等到他出了店鋪，一察看之下，發現被退還的竟然是十兩銀子。他於是急忙又來到店內，並將銀兩放在櫃檯上面對剛才那位店員說：「剛才的那筆買賣，就你來說，我殺的價並不多；就我來看，你所獲的利潤尚厚；我看你就不必再拘泥固執，還是成交吧。」那店員一時不明其意，就懶得理他而去忙別的事，這名江先生無奈之下，就端坐在一旁等候著。待市散之後，江先生才從容地對那店員說明原委：「我並非一個多舌的人，硬是要來吵擾你，問題是這銀子的數目不對呀。」說著再出示那十兩銀子，該店員才吃驚地問：「你為何不早說明白呢？」江先生答道：「那時市未散，你老闆還在旁邊，我如果拆穿此事，你豈不是要受罰嗎？」店員聽了，歎服地說：「我真的錯了，我真的錯了！過去我是以小人之心，來對待江先生您這位君子。」於是便依照原先的議價，把布賣給了江先生。這件事，一時便傳訟開來，大家都將這位江先生視為「江公道」，嗣後他獲利越來越多，終於成為縣城中的大富人家。

你要明白

平劇「蘇山起解」，押送蘇三的崇公道，在出場後有這麼幾句唸白：「你說你公道，我說我公道，到底誰公道？只有天知道！」雖說這是平劇中丑角的插科打諢，但細細琢磨這後面兩句話，倒是頗堪玩味的。

「公道自在人心」，我們大概很難駁詰這句話的正確性，原文中的「一時傳訟」這四個字，就有力加以證明了。換言之，以時下流行的說法來講，公道的標準，那就是一種大眾都一致認同的普世價值。

「什麼是公道？」故事內容的本身提供了答案。一個家貧乏資的小商販，無意間得暴利而不苟取，猶幾費唇舌務求能將多拿的錢財歸還，才能贏得「公道」之稱。

青縣農家少婦／矢志不二

青縣農家少婦，性輕佻，隨其夫操作，形影不離。恒相對嬉笑，不避忌人，或夏夜並宿瓜圃中，皆薄其冶蕩。然對他人，則面如寒鐵，或私挑之，必峻拒。後遇劫盜，深受匕刀，猶詬詈，卒不污而死，又皆驚奇貞烈。老儒劉君琢曰：「此所謂質美而未學也。惟篤於夫婦，故矢志不二。惟不知禮法，故情慾之感，介於儀容；燕暱之私，形於動靜。」辛彤甫先生曰：「程子有言，凡避嫌者，皆中不足。此婦中無他腸，故坦然徑行不自疑，此其所以能守死也。彼好立崖岸者，吾見之矣。」先姚安公曰：「劉君正論，辛君有激之言也。」

——清、紀昀《灤陽消夏錄》

好好解釋

青縣 位於河北省境內。

詬詈 大聲辱罵。

介於 著於，繫於。

燕嫟 燕通宴，嫟通暱；燕嫟在此指閒居時的親近。

程子 指宋朝的理學家程顥、程頤兄弟兩人，世稱二程子，或簡作程子。

崖岸 形容人的性行兀傲，不易親近。

先姚安公 在此指紀曉嵐已過世的父親。

教你看懂

河北青縣有位農家少婦，個性開放，平常跟隨丈夫下田操作，總是形影不離。夫妻間往往相互嘻笑，也毫不避忌外人在旁，有時在夏天的晚上，還隨同丈夫在瓜田中住宿過夜，人們都認為她生性冶蕩而看不起她。然而面對別的男人，這位農家少婦卻是一付冷冰冰的臉孔，若有人私下去挑逗她，必定會遭到她嚴峻的拒絕。後來有一次碰上強盜，縱使身受利刃的刺殺與脅迫，仍敢大聲痛斥盜匪，最後雖然喪失了生命，但卻保持了清白未受奸污，這時候人們，又都為她貞烈的個性而震驚不已。

老學者劉琢先生對此認為：「這個婦人，就是一種所謂本質美好但卻未經學識薰陶的典型。因為她篤信夫妻之義，所以能矢志不二。由於不知禮法的約束，所以容易將情慾顯露在表情之上，而將夫妻之間的親暱，表現在肢體語言當中。」辛彤甫先生則說：「程子曾說過，凡是表面上極力避嫌的人，其內心中所想的不會是如此。談到這名婦人，因為她心中沒有任何的歪主意，故其外形坦蕩，遇事率性而不自行猜忌，這正就是她能為守義護身而死的原因。至於那些喜歡在外觀上表現出高傲而難以接近的人，老實說，我看的多了。」我父親姚安公生前曾這樣評論：「劉先生所說的，是持平的正道之論，辛先生的言談，就難免帶有偏激的成分。」

你要明白

由於數千年以來，中國婦女在傳統枷鎖的控制下，一直都是非常弱勢與被壓迫的對象，除了有形的遭受非人道（例如纏足等惡習）的對待外，更在無形的道德標準層面上，與男性相較，容易處於極不公正的差別評斷。所謂婦權運動的興起，與女性權利的大幅提升，其實也只是近數十年間的事情，就算是到了今日，社會上仍存在著某些事情，尚無法完全做到男女平權的地步，但即使如此，若將本故事中的情節，來與當前社會上的脈動作比較，那確實有著天壤之別。

依隨著時代的步伐，世人脫離了封建的桎梏而進入了較開放的文明階段；但「開放」必須有其限度，而「文明」也定然有其規範，否則一味地胡作非為，只會徒增社會亂象而已，這又豈是大眾之福？看看本故事中的情節與當今社會上物欲橫流的風氣，我們理該對「過猶不及」這四個字加以深思。

妙畫代良醫／心病自須心藥醫

潘琬，字璧人，美儀容，有玉樹臨風之目。妻尹氏，艷而妒。潘謹守繩墨，跬步不離繡闥。潘有別墅，庭前海棠數株，每當含苞未吐之時，隱度其兩鬢插戴處，往向枝頭芟翼，及花放，折歸助妝，長短疏密適合。尹嘗執花昵潘而笑曰：「此解語花也，勞卿手折，益女武媚矣！」由是封海棠曰「花卿」，而戲呼潘曰「掌花御史」。

後潘以病瘠死，尹哭之哀，一日，過別墅，適海棠盛開，尹欄凝睇，觸緒縈懷，忽忽若迷，歸而病殆。尹有族弟名慧生，善繪事，聞之曰：「此心疾也，吾當以心藥治之。」遂寫海棠數十本，貌潘生科頭其下，旁繪妖姬五六人，有拈花者，有嗅花者，有執花在手乞潘生代為插鬢者，有狎坐膝頭戲以花瓣擲生面者，畫畢，竟詣頭，詢姊近狀。尹流涕不言，慧生曰：「昔姊丈在時，曾浼弟畫行樂圖一卷，恐姊見瞋，久留弟處，今已埋骨泉下，諒姊見原，特歸趙璧。」因出圖授尹，尹諦視久之，面忽發赬曰：「薄倖郎有是事耶？」慧生曰：「姊誤矣！男兒離繡幃三尺，便當跳入雲霄，是非梁伯鸞，誰能謹守眉案？況已往不咎，聽之可也。」尹憤然作色曰：「若是，則死猶晚耳！吾何惜焉？」慧生佯勸而退。由是心疾漸解，不旬日霍然竟愈。取其圖投之於火，並督家人各持斧鍤，前往別墅，盡伐去海棠之樹。

——清、沈起鳳《諧鐸》

好好解釋

繩墨 規範。

跬步 喻其小，猶言寸步。

繡闥 本指美飾之小門，在此借喻閨房。

隱度 私下猜測。

芟翼 芟謂削除之意，芟翼在此指折取花枝。

昵 親密狀。

病瘠 消瘦之病。

浼 要求、請託。

梁伯鸞 即梁鴻，成語中的舉案齊眉，便是指梁鴻夫妻間的相敬如賓。

斧鍤 斧頭與鐵劆。

病殆 病到幾乎要死。

本 量詞。草木一株叫「一本」。

貌 在此作動詞用，指描繪形狀。

科頭 不冠謂之科頭。

教你看懂

潘琬這個人，字璧人，儀容很美，看來有如玉樹臨風般。他的妻子尹氏，也長得很艷麗，但妒心甚強。潘琬謹守規範，平常可說是寸步不離妻子。在潘琬的別墅中，庭前種有幾株海棠，每當海棠花含苞待放之時，潘琬都會暗中揣度如何將海棠花插戴在太太的兩鬢處，並先將花枝折下，等到花朵綻開，再用來為太太妝扮，務求長短疏密都適合。尹氏見丈夫如此體貼，便拿著花親密地向潘琬笑說：「這是解語花，有勞您親手折下，越發顯得嫵媚了。」她因而將海棠封為「花卿」，並戲稱丈夫為「掌花御史」。

後來潘琬患消瘦之病而死，妻子尹氏非常哀慟。有一天，她來到別墅中，碰上海棠盛開，依欄凝目之際，不禁觸景傷情，恍然若失，歸家後便患病差點死掉。這時她的一名族弟慧生，平生擅長於繪畫，知道其病況後就說：「這是心病，我要用心藥來幫她治療。」於是在一張畫中畫了幾十株海棠樹，樹下所繪的是沒戴帽子的潘琬，旁邊並有五、六名妖艷的女子，有人手中拈花，有人用鼻嗅花，也有人手中拿著花央求潘琬替她戴，更有人坐在他膝頭上用花瓣戲弄其面頰，畫完後便帶到尹氏的病床前，來探詢族姊的近況。

尹氏只是不停地流淚，未發一言，慧生對她說：「過去姊夫在世時，曾拜託我繪了一幅行樂圖，我怕姊姊生氣，一直都留在身邊，如今他已過世了，想必姊姊會見諒，所以特來原璧歸趙。」說畢將畫交給尹氏，尹氏仔細地看了很久，忽然間面頰泛紅說：「負心人有這種事嗎？」慧生說：「姊姊別認真，男人離開了閨房，難免無所拘束，他又非梁鴻，還能期望他謹守舉案齊眉的規矩嗎？況且既往不咎，就算了吧！」尹氏生氣地說：「若真是如此，則他死得還嫌晚了，我又何必為他惋惜？」慧生假裝著勸慰，隨即告辭了。這樣一來，尹氏的心病慢慢便解除了，不到十天，竟然完全康復。稍後她將那幅圖燒掉，並督促家人帶著斧頭與鐵剷，將那些海棠樹一一砍光。

你要明白

「愛過方知情重，醉過方知酒濃」，一對恩愛的夫妻，不期然而遭逢生離死別，歿者雖然走了，但活著的人又怎能不悲慟萬分呢？基於大自然的法則，世人到頭來，終究無法逃離造物者所加諸其身的宿命，故事中的尹氏在歷經潘琬的生前死後，亦難以跳脫這紅塵裡的緣起緣滅、悲歡相續。

除了描述夫妻感情外，本故事的主旨，當然是一如標題所說的——妙畫代良醫——直言之，就是「心病自須心藥醫」。能夠對症下藥，十之八九便可藥到病除，若是南轅北轍，後果將不堪想像，搞不好反而成了藥到命除，只不過故事中的對症之藥，竟然是一幅虛有其事的妙畫，這也就增加了文章的戲劇性，連帶也說明了人性中的某種特質。

人是有感情的，而感情中的愛與恨，往往又只有一線之隔且相互糾結著的，唯有愛之深，方能恨之切，人性中的此一特質，自有史以來便未曾衰歇過。一旦愛恨俱泯或兩相抵消，則情感深處已無波瀾，人也就無所縈懷了，故事中的慧生深知此理，所以他畫了一幅假畫而救了族姊一命，也不能說不是一種良醫的作為了。

偷畫／最安全的地方？

有白日入人家偷畫者，方卷出門，主人自外歸。賊窘，持畫而跪，曰：「此小人家祖宗像也，窮極無奈，願以易米數斗。」主人大笑，嗤其愚妄，揮叱之去，竟不取視。登堂，則所懸趙子昂畫失矣。

——清．袁枚《新齊諧》

好好解釋

方卷 正在把畫捲好；卷同捲。

趙子昂 元代大書畫家，名孟頫，子昂為其字，號松雪道人；以書、畫知名於世，詩文亦清邃奇逸，讀之使人有飄飄出塵之想。

教你看懂

有個竊賊在大白天，闖空門去偷畫，正當他得手而把畫捲好出了大門時，碰上屋主從外面回家來。場面使這賊人很窘困，他於是手拿著畫跪下，並對屋主說：「這是我家祖宗的畫像，現在因為我太窮了，願將它向你換幾斗米救急。」主人聽了大笑，覺得這麼愚蠢的妄想，故嗤之以鼻並將他叱離現場，而不曾打開畫來瞧瞧。等到這屋主進入家中後，才發現所懸掛趙子昂的名畫已經失竊了。

你要明白

不告而取謂之偷，何況是大白天闖空門的人，那當然是典型的竊賊了。故事中的小偷，也許有些知識及鑑賞力，否則不會專對趙子昂的畫下手。雖然社會上常將這類專門偷書、偷畫者，稱之為雅賊，乍看似乎好聽些，但偷就是偷，不管「雅」字如何加以修飾或美化，終究無法改變其後「賊」字的犯罪事實。

文中所述的竊賊，可說是雙重犯罪者——先是偷畫，後是騙人。妙就妙在被騙者，自己落入算計中，猶誤認為對方是個愚妄的人，這種事幾乎常發生在我們的周遭環境中，「金光黨騙財」的故事，一再出現在媒體報導上，便是活生生的例子。

有人說，小偷的持續存在，就如同妓女的難以根絕那樣，二者都可能被人當成職業，而且自古以來就有；當然，這些人都是社會中的極少數，但害群之馬，卻貽他人莫大之禍害。尤其是行竊行騙之流，他們都是奸巧變詐之輩，委實令人防不勝防，所以有句話說：「行路難，行走江湖尤難。」

這則故事另外為我們提供了一項重要的啟示，那就是在看待問題與處理事情之際，有時需要跳脫常情常理的框架。蓋常者恆也，恆者不變也，但遇某一特定時空，事物的發展卻是反其道的——歹徒選擇住在警察局附近以避追捕，就是其中一例；孔明在西城縣大擺空城計，則是另外一個例子。

上述兩例的本質，其實就是所謂的心理戰或逆向思考。警方通常認為歹徒不致如此笨拙或大膽，竟敢在老虎窩邊安然高枕，但狡獪的歹徒就是看準了這點，所以往往能使詭計得逞，因而人們常說的「最危險的地方，也是最安全的地方」，在此就被用上了。

至於諸葛亮的空城計，當然是非常之時的非常之舉，但仍然是打心理戰，試看《三國演義》中的一段故事——孔明曰：「此人料吾平生謹慎，必不弄險；見如此模樣，疑有伏兵，所以退去。吾非行險，蓋因不得已而用之。」——這不但說明他看透了司馬懿的內心世界，也直接由他自己口中，道出了特殊情況下的權變之計，套用前面的話，我們不妨以「最危險的方法，也是最安全的方法」來看待它。

心中有妓／修養上的差異

兩程夫子赴一士夫宴，有妓侑觴。伊川拂衣起，次日，伊川過明道齋中，慍猶未解。明道曰：「昨日座中有妓，吾心中卻無妓。今日齋中無妓，汝心中卻有妓。」伊川自謂不及。

——明、馮夢龍《古今談概》

好好解釋

兩程 指北宋時代的兩為著名學者：兄程顥，字伯淳，人稱明道先生。兩人曾同學周敦頤門下，皆為宋代理學的奠基人物。

士夫 男子之通稱，在此指士大夫。

侑觴 陪酒、勸酒。

拂衣起 表示心中不快而提前退席。

過 經過或來到之意。

慍猶未解 慍惱之情猶耿耿在懷。

自謂不及 自認有所不及。

教你看懂

兩位程夫子明道先生與伊川先生，有一次同赴某士大夫家中飲宴，主人為了增添樂趣，特別請來歌妓勸酒作陪。由於心中覺得不是滋味，伊川便提前離去；但明道卻不以為意，直到盡歡宴散。第二天，伊川來到明道的書齋中時，心中的慍腦，猶形諸於色。於是，明道便對他說：「昨天酒席中有妓，但我心目中卻無妓；今日書齋中並無妓，而你心目中卻仍有妓。」聽完這話，伊川自認有所不及。

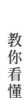

你要明白

這是一則簡短但卻啓人深思的故事，文字上雖質樸無華但意境中卻頗富哲理而帶禪味。進而論之，伊川的「拂衣起」，以最時髦的話來說，這其間也涉及到「EQ」的問題。我們知道，宋、明理學昌盛。所謂「心學」、或「理學」，最後無非歸結在一個「道」字上。既已訴諸於道，便屬「形而上」，一切皆在自我主宰的方寸之間。然而作為理學奠基者之一的伊川先生，竟因眼中之妓而在腦海中無法揮去其影，足見此心已然「著相」而有「罣礙」了；相較於乃兄的心中坦蕩皎潔，其「道行」與修持便當然比弟弟更深厚。

談到這裡，不禁聯想起一個與此「彷彿類似」的故事。據說蘇東坡與一位博古通今的佛印禪師很要好，兩人交情深卻從不拘形跡。有一次兩人在林中打坐，久之，佛印謂東波「坐姿像佛」東波則打趣說佛印的坐姿「像一堆牛糞」，佛印聽完之後，只是笑而不答。東波自認獲得勝利，回家欣然將此事告知他那位才華出眾的蘇小妹，誰知道蘇小妹竟告訴他說：「你根本輸了，他是以佛心視你，故看你像佛。」其中的意思，讀者自可想見。

事實上，這種類似的情形，也不時發生在我們的日常生活中。對於同一個事物，由於個人修養上的差異，故彼此的觀感及其結論，也就自然有所不同了。

因此，我們往往從這些地方，正可看出一個人的品格清濁與識見高下。

國家圖書館出版品預行編目（CIP）資料

古老商學院：搞懂你所處的現實 / 許汝紘暨編輯企劃小組編著. -- 初版. -- 臺北市：信實文化行銷, 2017.09
面； 公分. -- (What's knowledge)
ISBN 978-986-94750-6-8(平裝)
1.修身 2.通俗作品
192.1 106013814

高談文化 華滋出版 拾筆客 九韵文化 信實文化
CULTUSPEAK PUBLISHING CO., LTD

更多書籍介紹、活動訊息，請上網搜尋 拾筆客

What's Knowledge
古老商學院：搞懂你所處的現實

作　　者：許汝紘暨編輯企劃小組　編著
封面設計：堯　子
總 編 輯：許汝紘
美術編輯：婁華君
文字編輯：孫中文
行銷企劃：郭廷溢
發　　行：許麗雪
總　　監：黃可家
出　　版：信實文化行銷有限公司
地　　址：台北市松山區南京東路 5 段 64 號 8 樓之 1
電　　話：（02）2749-1282
傳　　真：（02）3393-0564
網　　站：www.cultuspeak.com
讀者信箱：service@cultuspeak.com

印　　　刷：上海印刷股份有限公司
總　經　銷：聯合發行股份有限公司
香港總經銷：香港聯合書刊物流有限公司

2018 年 1 月初版
定價：新台幣 360 元

illustration Designed by 陳芷柔 , Freepik

更多書籍介紹、活動訊息，請上網輸入關鍵字 拾筆客 搜尋

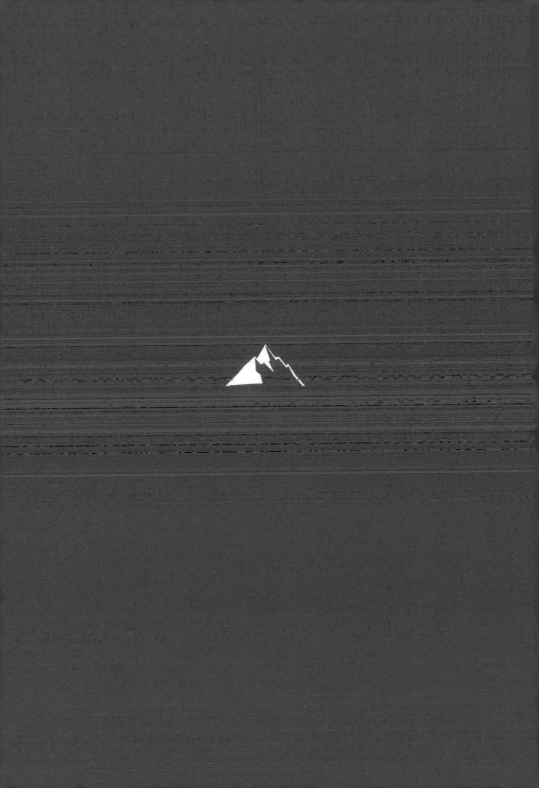